Sturmflut

Sturmflut

Gefährdetes Land an der Nordseeküste

Jürgen Newig/Hans Theede (Hrsg.)

Edition Ellert & Richter

Inhalt

Einführung
Jürgen Newig

In seinem einleitenden Beitrag erläutert ***Jürgen Newig*** den Begriff Sturmflut und die Auswirkungen der Katastrophe. Bedrohlich für den Menschen an allen Flachküsten der Welt – man denke nur an Bangladesh – sind auch die langfristigen schleichenden Erhöhungen des Meeresspiegels, die zu großflächigen Überschwemmungen einstigen Kulturlandes führen können.
Hans-Henning Dette unternimmt es, die Entstehung einer Nordseewelle zu erklären. Mehr als acht Meter Höhe können Nordseewellen erreichen. Er informiert auch über die astronomischen Voraussetzungen für eine Sturmflut und zeigt auf, wie begrenzt die Kenntnisse über dieses komplexe Geschehen sind.
Der Beitrag von ***Peter Wieland*** beschreibt, wie man sich heute gegen den Meeresangriff zu schützen versucht. Deiche und Deckwerke, Sperrwerke (Eidersperrwerk), Tetrapodenwälle und Sandvorspülungen sind die wohl aufwendigsten Maßnahmen zur Sicherung der Küste. Wir erfahren weiterhin, was es mit der Höhe des Meeresspiegels auf sich hat, dem Ausgangsniveau für alle Höhenmessungen auch auf dem Lande.
Jürgen Newig und ***Manfred Jessen-Klingenberg*** legen erstmalig anhand einer im Jahre 1231 entstandenen Steuerliste des dänischen Königs Waldemar II. dar, wie Nordfriesland vor den großen Stürmen des späten Mittelalters und der frühen Neuzeit ausgesehen haben mag.
Albert Panten führt mit einem Blick auf die Geschichte der großen Sturmfluten der vergangenen 1000 Jahre in das wechselhafte Schicksal der deutschen Nordseeküste ein. Wir erfahren, daß die Wasserstände immer weiter angestiegen sind, bis hin zur großen Flut vom 3. Januar 1976, der zweiten „Jahrhundertflut“ innerhalb von 14 Jahren.

Karl-Ernst Behre zeigt, welchen Schwierigkeiten der Mensch an der Küste ausgesetzt war. Noch vor 2000 Jahren war es im Nordseebereich möglich, in der flachen Marsch ohne Warften (künstliche Erdhügel) oder Deiche zu siedeln. Später stieg der Meeresspiegel wieder rasch an, und so mußte die Eroberung der Küste mit zunehmend aufwendigeren Schutzmaßnahmen betrieben werden.
Klaus Lengsfeld schreibt über das sagenhafte Rungholt und seine kläglichen Überreste. Durch einige urkundliche Belege wissen wir heute, daß es den Hafenort wirklich gegeben hat. Der Verwaltungsbereich der Edomsharde, dessen Mittelpunkt Rungholt darstellte, hatte um 1230 mehr Silber als Steuern an den dänischen König abzuliefern als Sylt, Föhr und Amrum zusammen.
Guntram Riecken stellt die Halligen vor, jene kleinsten Splitter besiedelten Landes, die zur Vielgestaltigkeit unserer Küste beitragen und das Festland wie kleine Vorposten zu sichern scheinen. Anschließend widmet er sich dem ständig bedrohten Felsen-Eiland Helgoland.
Thomas Steensen führt uns vor Augen, wie man sich auf dem Festland vor der ständigen Bedrohung durch das Meer schützt. Hier geht es vor allem um den Deichbau in früherer und heutiger Zeit.
Andreas Lubkowitz schließlich erinnert mit seinem Beitrag daran, daß Sturmfluten nicht nur an der Meeresküste, sondern auch auf dem Meer Menschenleben gefährden können und schildert die Arbeit der nur durch Spenden finanzierten Deutschen Gesellschaft zur Rettung Schiffbrüchiger.

Die Sturmflut – Schauspiel und Naturereignis

Jürgen Newig

Wie alle Naturgewalten, so hinterlassen auch die Sturmfluten einen Eindruck, der das Bewußtsein der Menschen prägt. Es ist wohl die Mischung des Gefühls der Ohnmacht einerseits und der Ungewißheit des Ausgangs andererseits, die zwiespältige Empfindungen im Menschen hervorruft. Das gilt selbst für diejenigen, die das Ereignis nur aus der Zuschauerperspektive verfolgen. So berichtet eine Urlauberin, die am 3. Januar 1976 ihre Winterferien in Büsum verbrachte, von ihrem Erlebnis der stärksten Sturmflut, die an diesem Ort jemals gemessen wurde. Schon am Morgen beim Frühstück hatte die Binnenländerin, die den Aufruhr der Elemente bis dahin nur aus dem Fernsehen kannte, im Radio die Sturmflutwarnung vernommen. Weniger Angst als Neugier bestimmte ihre Reaktion: „In wetterfeste Kleidung gehüllt, eile ich zum Deich. Und da wird man mit hineingenommen in den Aufstand der Naturgewalten – man verliert sich an den Sturm, der einen nicht mehr aufrecht stehen läßt und das Wort vom Munde reißt. Man sieht die brodelnden Wassermassen über dem Grünstrand kochen. Es ist wie ein wildes Abenteuer, in das man sich einläßt wie ein Kind, das von der Gefahr keine Ahnung hat. Der Wind weht uns förmlich den Deich entlang. Man läßt sich treiben und genießt – ja, ich genieße dieses unmittelbare Ausgeliefertsein an die Kräfte der Natur."

Nachdem sie zu ihrem Ferienquartier zurückgekehrt war, blieb der Urlauberin der Ernst der Lage nicht gänzlich verborgen: Der Sturm hatte viele Ziegel vom Dach gerissen, Nachbarn halfen der besorgten Wirtin. Dennoch eilte sie schaulustig sogleich wieder zum Deich: „Und so liefern wir uns noch einmal diesem Rausch des Abenteuers aus. Wir verlieren hier keinen Besitz, wir sind frei von materiellen Bindungen. Für uns ist dies alles ein einmaliges Naturereignis. Erst am Abend, bei der Nordschau, als erste Bilder gezeigt wurden von Deichbrüchen und Überflutungen, da wird uns klar, daß diese gleichen Gefahren ja auch für Büsum bestanden haben. Wasser, das erbarmungslos alles überflutet und mitreißt. Wir werden doch recht nachdenklich. Und in die Abenteuerlust des Mittags schleicht sich die Angst vor der Nacht. Wir führen nachts noch Telefongespräche mit daheim, man soll sich keine Sorgen um uns machen."

Das gleiche Ereignis beschreibt in ganz anderer Weise Pastor B. Speck von der Hallig Hooge, der schon manche Sturmflut miterlebt hat: „Am Sonnabend war Sturm wie schon seit 1962 nicht mehr. Dreieinhalb Meter über Normal hatte die Sturmwarnung gesagt. Darauf war man gerüstet; alle Fahrzeuge waren auf der Warft; die Schiffe waren auf Sturm vertäut.

Aber schon früh spritzte der Wellenschaum vom Nordwesten über den Steindeich. Gegen Mittag war das Meedeland bis zur Backenswarft überschwemmt; dann strömte es von Südosten über den ganzen Deich herein; in kurzer Zeit war die Brücke über das Fliet im Wasser verschwunden, und im Hafen tanzte das Boot ‚Jens Wandt' wild in den Wellen.

Der Blick auf das Barometer und die Uhr machte Sorgen: Der Zeiger hing über ‚Sturm' tief nach unten, und bis zum Hochwasser waren es noch zwei Stunden. Besorgte Freunde riefen an. – Wie geht es euch? Gut!

Nicht so schlimm, meinte ich; und sah in dem Augenblick, wie das Wasser über den Friedhof vor meinem Fenster lief. Das war Gefahr! 3,50 Meter war schon erreicht, aber die Hochwasser-

Die Sturmflut vom 3. Januar 1976 hat die Kirchwarft auf Hallig Hooge überflutet und eine der beiden Kirchentüren erreicht, die der Halligpastor zuvor gut gesichert hatte. Im Hintergrund erkennt man den überschwemmten Friedhof.

zeit noch lange nicht. Schnell machte ich noch einen Gang um das Haus und die Kirche. Die ersten Wellen klatschten gegen das Kellerfenster. Ich nagelte von außen mit Stahlnägeln Bretter vor das Fenster! Das hilft vielleicht. Die Bretter lagen schon da, Strandholz, vom Stapel herabgeweht. Als das letzte Brett halb saß, staute sich eine Welle so hoch zwischen Wand und Schuppen, daß mir die Seestiefel voll Wasser liefen. Aber die Bretter hielten; wir hatten nur 50 Zentimeter Wasser im Keller.

Und die Kirche? Die Nordtür war seit der Renovierung im Frühjahr gut gesichert; die wird halten, bis das Wasser durch die Fenster kommt. Im Süden sah ich die Bescherung: Eine Sitzbank von außen lag zertrümmert in der Kirche; die hatte die Tür aufgestoßen. 40 Zentimeter Wasser standen in der Kirche! Die hereinlaufenden Wellen schwappten durch die Kirche; Läufer, Lesepult, Gästebuch, Kränze und Banktrümmer trieben durch die stille, noch weihnachtlich geschmückte Kirche. Zum Glück steht die Orgel hoch. Ich band einen Balken vor die Tür. Am Abend habe ich noch eine Stunde geschippt; das bringt nicht viel. Aber die gute alte Kirchenkonstruktion kam mir zur Hilfe. Als ich am Morgen nachschaute, war alles Wasser durch den Seesand unter den Bänken einfach weggesickert. Nur der Schlick saß als feine graue Schicht auf dem Sand. Aus den Steigen habe ich dann am Sonntagmorgen zur Zeit des Gottesdienstes fünf Schiebkarren Sand und Muscheln rausgefahren.

Der Friedhof bot ein wildes Bild: Zauntrümmer trieben drüber hin. Der Grabstein von Onkel Harli wurde gegen den Nachbarstein geworfen. Nur das hölzerne ‚Kreuz von Golgatha‘ auf dem Grab der Heimatlosen stand, halb im Wasser, von

Gischt eingehüllt; und dahinter leuchtete die fast blinde Sonne über die Hallig.
(…) Bald danach sank das Wasser; wir merkten es, als es nicht mehr in die Türen hineinschlug. Erleichtert atmeten wir auf. Jetzt war es auch an der Zeit, nach den anderen Warften zu fragen. Alles wohlauf! Kein Mensch und kein Vieh ertrunken! Kein Haus weggespült!" (aus: Petersen, Marcus und Hans Rohde: Sturmflut. Die großen Fluten an den Küsten Schleswig-Holsteins und in der Elbe, Neumünster 1977. Mit freundlicher Genehmigung von Dr. Marcus Petersen und dem Wachholtz-Verlag, Neumünster.)

Sturmfluten und Meeresspiegelanstieg

Sturmfluterlebnisse können also sehr verschieden auf Menschen wirken. Betrachten wir jetzt die „objektive", die naturwissenschaftliche Seite. Sturmfluten treten nur an Küsten auf. Sie sind zeitweise erhöhte Wasserstände des Meeres, die durch starke Windeinwirkung hervorgerufen werden. In den Sturmflutwarnungen der Rundfunk- oder Fernsehnachrichten ist von leichten, schweren und sehr schweren Sturmfluten die Rede. Wenn der Wasserstand des Meeres mehr als 1,20 Meter über das mittlere tägliche Hochwasser steigt, spricht man im Bereich der Deutschen Bucht von einer leichten Sturmflut. Ab 2,30 Meter liegt eine schwere Sturmflut vor, und bei einem Stand von über drei Metern eine sehr schwere Sturmflut.
Wie sich die Sturmflut auswirkt, hängt davon ab, auf welche Küstenlandschaft sie trifft. An der Nordsee unterscheidet man grundsätzlich zwischen festen Steilküsten, weichen Steilküsten, sandigen Flachküsten und den Marschen. Feste Steilküsten ragen meist recht hoch über dem Meeres-

spiegel auf. Bei solchen Felsküsten kommt es nicht zu Überflutungen, sondern lediglich zu einem geringfügigen Abbruch, der sich zumeist im Bereich von Zentimetern oder Dezimetern bewegt. Langfristig aber summieren sich die Abträge doch zu beachtlichen Größenordnungen, wie sich am Beispiel von Helgoland nachweisen läßt.

Das Land hinter den weichen Steilküsten, zum Beispiel hinter dem eiszeitlichen Roten Kliff auf Sylt, kann in den mehr als fünf bis sechs Meter über dem Meeresspiegel gelegenen Bereichen ebenfalls nicht überflutet werden. Allerdings vollzieht sich der Abbruch hier rascher und beträgt etwa einen Meter pro Jahr. Bei einer einzigen Sturmflut gehen erfahrungsgemäß höchstens 20 bis 30 Meter verloren, danach gibt es zumeist jahrelang keine größeren Abbrüche. Ein Haus, das 100 Meter von einer weichen Steilküste entfernt steht, ist nicht mehr akut gefährdet.

Die Strände der sandigen Flachküsten werden bei schweren Sturmfluten vollständig überschwemmt. Nicht nur die angrenzenden Dünen können in Mitleidenschaft gezogen werden, sondern auch die Dünentäler, wenn die Vordüne zu niedrig ist. Hier gibt es also wechselweise Abbruch und – zumeist kurzfristige – Überschwemmung.

Bei den Marschen spielt der Abbruch eine relativ geringe Rolle, denn er beschränkt sich auf die Abbruchkanten der Halligen, die ungeschützten Strecken des Festlandes sowie auf die Substanzverluste von Deichen. Die eigentliche Vernichtungskraft des Meeres erweist sich hier in den Überschwemmungen. Bei einer einzigen Sturmflut konnten noch vor nicht allzu langer Zeit Hunderte von Quadratkilometern an der gesamten deutschen Küste unter Wasser gesetzt sowie unzählige

Warften überschwemmt und teilweise zerstört werden. Tausende von Menschen ertranken. Noch bei der Februarflut des Jahres 1962 kamen allein im Hamburger Stadtgebiet 315 Menschen ums Leben.

In der Berichterstattung über Sturmfluten wird oft ein Zusammenhang zu anderen Naturkatastrophen hergestellt: „Immer mehr Erdbeben und Sturmfluten – dramatischer Anstieg des Weltmeeresspiegels – globale Klimaveränderungen". So oder ähnlich lauten die Schlagzeilen, und angesichts der vielen Katastrophenmeldungen aus allen Teilen der Erde scheinen die Verknüpfungen auch berechtigt zu sein. Wir müssen jedoch grundlegend unterscheiden zwischen den Vorgängen im Erdinnern und Prozessen auf der Erdoberfläche.

Auf Erdbeben haben wir praktisch keinen Einfluß, da die Energien im Erdinnern so gewaltig sind, daß wir sie nicht steuern können. So dürfen wir annehmen, daß die Erdaktivität seit vielen Jahrtausenden ungefähr gleich geblieben ist. Zur Zeit der alten Griechen hat es wahrscheinlich nicht mehr Erdbeben gegeben als heute.

Sturmfluten besitzen eine andere Qualität als Erdbeben. Sie laufen an der Erdoberfläche ab und haben mit unserem wichtigsten und empfindlichsten Ökosystem zu tun: der Erdatmosphäre. Wie eine hauchdünne Schale liegt die Atmosphäre über der Erdoberfläche und reagiert sehr sensibel auf alle Veränderungen. Wir nehmen sie als Wetter- und Klimaänderungen wahr. Je mehr kritische Substanzen wir in die Luft entlassen, desto größer wird die Wahrscheinlichkeit eines Klimawandels aufgrund des sogenannten Treibhauseffekts. So kann der Mensch ungewollt oder fahrlässig auch die Sturmfluthäufigkeit beeinflussen.

Vor allem in den Niederungsgebieten, wie hier in Hamburg-Wilhelmsburg, richtete die Sturmflut vom 16./17. Februar 1962 große Verwüstungen an (oben).
Der Hamburger Fischmarkt liegt bei hohen Sturmfluten wie eine Insel im Wasser (rechts).

Unabhängig von den Sturmfluten ist das Hochwasser an der Küste. Den Binnenländer irritiert dieser Begriff bei einem Blick in den Tidekalender seines Urlaubsorts oftmals, denn er kennt „Hochwasser“ am Heimatort als Bezeichnung für einen Extremwasserstand des Grund- oder auch Flußwassers. An der Küste lernt er dann, daß das Hochwasser hier eine ganz gewöhnliche Erscheinung ist, die zweimal täglich auftritt und sich mit einer entsprechenden Niedrigwasserphase abwechselt. Ursache dafür sind die Gezeiten, und diese wiederum richten sich danach, wie Sonne, Erde und Mond zueinander stehen.
Was hat es nun mit dem vielzitierten Meeresspiegelanstieg auf sich? Grundsätzlich handelt es sich hier um einen langfristigen natürlichen Vorgang, denn wir entfernen uns von der letzten Eiszeit, der Weichselvereisung, und streben einem neuen Wärmemaximum entgegen. Wenn das Klima wärmer wird, dann schmelzen die Gletscher, und der Meeresspiegel steigt um viele Dutzende Meter an. So geschah es auch nach der letzten Eiszeit. Noch vor rund 8000 Jahren konnte man auf dem Landweg von Deutschland nach England gelangen, weil große Teile der heutigen Nordsee noch nicht von Wasser bedeckt waren. Die damals rein naturbedingte Veränderung des Meeresspiegels vollzog sich wesentlich rascher als der heutige Anstieg.
Sturmfluten werden nicht durch den erhöhten Meeresspiegel verursacht. Während der Anstieg die Folge eines über lange Zeiträume wirkenden Klimaphänomens ist, sind die Sturmfluten eine kurzfristige Erscheinung. Sie geben aber aufgrund ihrer Heftigkeit einen Vorgeschmack davon, was erhöhte Wasserstände anrichten können.
Tatsache ist, daß in den vergangenen Jahren die Anzahl der Sturmfluten deutlich zugenommen

hat, was nicht zuletzt auch den Versicherungsgesellschaften große Sorgen macht. Nicht wenige Forscher bringen die in den letzten Jahren verstärkt auftretenden Stürme in Verbindung mit der Zunahme menschlichen Fehlverhaltens. Selbst wenn es weit hergeholt klingt: eine der Hauptursachen könnte die Abholzung der tropischen Regenwälder am Äquator sein. Diese Waldgebiete wirkten wie ein riesiger Schwamm, der während der nachmittäglichen tropischen Gewitter Feuchtigkeit aufnimmt und während der vormittäglichen Sonneneinstrahlung wieder abgibt. Der Vorgang hat möglicherweise eine Art Herzschrittmacherfunktion für das Weltklima. Jeden Tag fallen Tausende Hektar der Brandrodung und der Säge zum Opfer. Der „Schwamm“ tropischer Regenwald wird immer kleiner. Als Folge davon könnten die Extremwetterlagen zunehmen, darunter auch die Häufigkeit von Stürmen.

Sind die vielen Sturmfluten in der zweiten Hälfte des 20. Jahrhunderts schon die Vorboten einer kommenden Klimakatastrophe, oder sind sie „nur“ Teil des „Atmens“ der Erde, also der natürlichen Schwankungen? Wir wissen es nicht. Wir sind auch noch nicht in der Lage, die naturbedingten und die durch den Menschen verursachten Anteile am Meeresspiegelanstieg voneinander zu trennen, da hierfür langfristige Beobachtungen nötig sind. Auf der anderen Seite müssen die für das Allgemeinwohl Verantwortlichen jetzt und heute entscheiden, handeln und planen – wahrlich keine leichte Aufgabe.

Sturm und Wellen in der Nordsee

Hans-Henning Dette

Bei den auf die Nordseeküste einwirkenden Kräften ist zwischen langfristigen und kurzfristigen Entwicklungen zu unterscheiden. Von den langfristigen Entwicklungen ist bekannt, daß sich der mittlere Meeresspiegel – dies ist der Meeresspiegel ohne Gezeiten und ohne Störungen aus der Atmosphäre – weltweit hebt. Durch diesen mittleren Wasserstand wird die allgemeine Lage der Grenzlinie zwischen Meer und Festland bestimmt. An der deutschen Nordseeküste haben Messungen ergeben, daß der Meeresspiegel in den letzten 100 Jahren lediglich um 20 bis 30 Zentimeter angestiegen ist. Dieser Wert ist von Pegel zu Pegel unterschiedlich. Wie stark sich selbst ein scheinbar geringer Meeresspiegelanstieg durch eine allmähliche Änderung der großräumigen Strömungsverhältnisse bemerkbar machen kann, zeigen Prielentwicklungen an der Westküste Schleswig-Holsteins. Wo Vermessungsingenieure noch zu Anfang dieses Jahrhunderts Priele bei Tideniedrigwasser zu Fuß durchqueren konnten, sind jetzt manchmal Wassertiefen von über zehn Metern zu finden.

Des weiteren trägt die Wasserstandsänderung der Gezeiten zu den langfristigen Entwicklungen an der Küste bei. Die Gezeiten sind am besten erforscht. Durch die Analyse von gemessenen Gezeitenkurven und deren anschließende Zuordnung zu den Konstellationen der Himmelskörper können in den vorausberechenbaren astronomischen Gezeitentafeln nicht nur die Eintrittszeiten von Tidehoch- und Tideniedrigwasser, sondern auch die Höhen der sogenannten astronomischen Gezeiten angegeben werden, die für jedes Jahr und für alle wichtigen Küstenpegel vom Deutschen Bundesamt für Seeschiffahrt und Hydrographie (BSH) in Hamburg herausgegeben werden.

An der deutschen Nordseeküste erreicht der Tidehub – das ist der Höhenunterschied zwischen Tideniedrig- und Tidehochwasser – Werte von über drei Metern. Am größten ist er bei der Springtide, wenn sich bei Voll- oder Neumond die Gravitationskräfte von Sonne und Mond addieren. Zur Nipptide, in der Zeit des ersten und letzten Mondviertels, ist er dagegen um einige Dezimeter niedriger.
In den astronomischen Gezeiten sind meteorologische Einflüsse nicht enthalten. Gerade diese wetterbedingten Einflüsse sind es aber, die als Sturmfluten die Küsten bedrohen und den Küstenschutz zu einer lebensnotwendigen Aufgabe machen. Sturmfluten können zusätzlich zu den Gezeiten infolge von Windstau Wasserstände erzeugen, die an der Nordsee mehr als vier Meter über den normalen Wasserständen liegen. Die Höhe eines Sturmflutwasserstandes hängt vor allem von der Windstärke und -richtung, weiterhin von der Winddauer und Windwirklänge über dem Meer sowie von der Wassertiefe ab. Die größten Sturmflutwasserstände treten dann auf, wenn der zusätzliche Windstau mit einem Tidehochwasser oder sogar einer Springtide zusammenfällt. Physikalisch entsteht ein Windstau durch die Schubspannung des Sturmwindes auf der Wasseroberfläche, wobei der Windstau immer bestrebt ist, das hydrostatische Gleichgewicht zu diesen Kräften zu halten. Da bei gleicher Windgeschwindigkeit der Windstau mit abnehmender Wassertiefe erheblich zunimmt, sind Küsten von Flachmeeren, wie die Nordsee eines ist, weitaus mehr durch Sturmfluten gefährdet als Küsten an tiefen Ozeanen. In komplexer Weise überlagern den örtlichen Windstau gelegentlich auch noch Fernwellen aus benachbarten Meeresgebieten, die ebenfalls

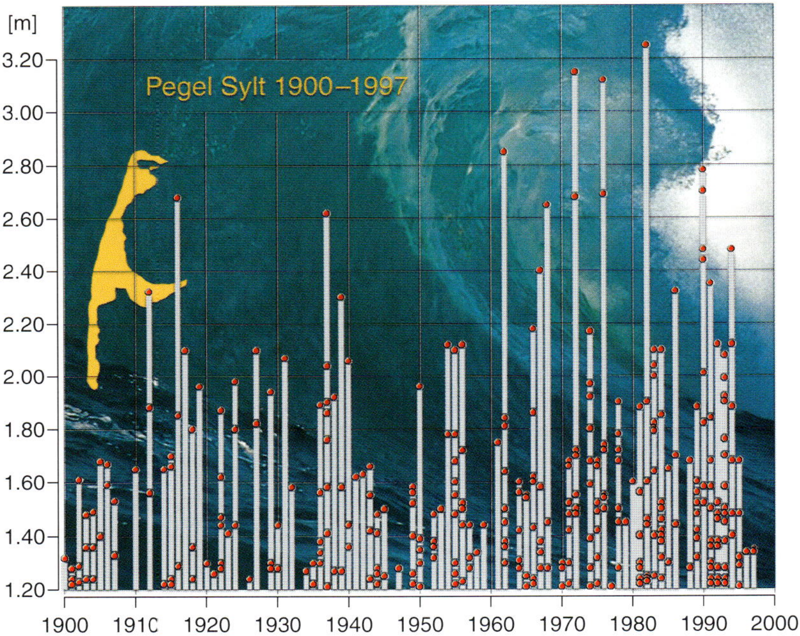

Oben: Die Sturmfluten nehmen zu. Jeder rote Punkt steht für eine Sturmflut. Herbstfluten sind jeweils im folgenden Jahr eingetragen. Rechts: Das Sylter Morsum-Kliff wurde 1993 heftig angegriffen.

meteorologisch bedingt sind; so war an den hohen Wasserständen am 16./17. Februar 1962 (Pegel Cuxhaven) eine Fernwelle von rund 80 Zentimeter Höhe aus dem Atlantik beteiligt.
Für den Küstenschutz an der Nordsee ist die Frage von größter Bedeutung, welche höchsten Sturmflutwasserstände überhaupt auftreten können. Davon sind sowohl die Deichhöhen als auch die Bemessung aller Hochwasserschutzanlagen an der Küste, an den Tideflüssen und in den Häfen abhängig. Diese Frage ist derzeit noch immer nicht zu beantworten, da die sturmfluterzeugenden Ursachen – Windstärke, Windrichtung, Winddauer usw. – im wörtlichen Sinne unberechenbar sind; so kann zum Beispiel die Meteorologie keine Zahlenangaben darüber machen, welche höchsten Windgeschwindigkeiten in der Nordsee auftreten können und wie lange sie dauern.
Für Küstenschutzbauten an der Nordsee, wie zum Beispiel die Deiche, wurden nach der Jahrhundertsturmflut vom Februar 1962 bestimmte Höchstwasserstände festgelegt, die aus Erfahrungen und statistischen Überlegungen als diejenigen Wasserstände anzusehen sind, die sich bei Überlagerung ungünstiger Einflüsse ergeben können. Diese sind mit wenigen lokalen Ausnahmen bisher nicht erreicht oder überschritten worden.
Im Zusammenhang mit Sturmfluten ist der Seegang von großer Bedeutung. Als Seegang bezeichnet man die Gesamtheit der winderzeugten Wellenbewegung an der Meeresoberfläche. Es wird unterschieden zwischen der eigentlichen Windsee, die unmittelbar durch den Einfluß des Windes entsteht, und der Dünung. Unter Dünung versteht man Wellen, die bei Windstille fortbestehen oder die aus ihrem Ursprungsgebiet herausgewandert sind.

Fast alle Sturmflutschäden an der deutschen Nordseeküste sind auf Seegang und dessen Wirkung zurückzuführen. Die Sturmflut vom 16./17. Februar 1962 forderte in Hamburg 315 Todesopfer und verursachte von der holländischen bis zur dänischen Grenze einen geschätzten Schaden von 2,5 Milliarden Mark. Die Ausgaben der Küstenländer und des Bundes können als ein unmittelbares Maß dafür angesehen werden, welche Kosten der Seegang allein in Deutschland verursacht. Diese lagen in der Zeit von 1962 bis 1996 in der Größenordnung von 8,2 Milliarden Mark und wurden hauptsächlich für Sicherungsmaßnahmen an der Festlandküste und in den Tidemündungen von Eider, Elbe, Jade, Weser und Ems aufgewendet. Darin sind allerdings auch die Kostenanteile für die Ostseeküste enthalten. Daraus folgt die Notwendigkeit, in interdisziplinärer Zusammenarbeit von Natur- und Ingenieurwissenschaften den Seegang in der Nordsee und seine Wirkungen weiterhin eingehend zu erforschen.

Erforschung der Wellen

Theoretische Ansätze zur Erforschung der Wellen wurden mit großangelegten Naturmeßprogrammen erweitert und geprüft. Ein solches Projekt wurde mit internationaler Beteiligung im September 1973 in der Nordsee im Seegebiet vor Sylt durchgeführt. Unter Verwendung mathematischer Methoden der Statistik wurden seither Modelle entwickelt, die es ermöglichen, den Seegang auf offener See vorauszuberechnen, so daß zu jedem Windfeld das zugehörige Seegangsspektrum ermittelt werden kann. Auf der Grundlage zum Beispiel des HSSHC-Modells (Hybrid Shallow

Water Seawave Model using Hindcast method) wurden für eine 16 Jahre (1968 bis 1983) umfassende Windstatistik der Nordsee die zugehörigen Wellenspektren berechnet.
Daß diese Berechnungen plausibel sind, bestätigen zwischenzeitliche Messungen im Ekofisk-Ölfeld im Januar 1995, bei denen Wellen bis zu H_s = 12 Meter und Perioden bis zu 17 Sekunden aufgezeichnet wurden.
Was bedeutet H_s? Wegen der unregelmäßigen Wellenbewegung in einem Seegang ist es notwendig, die auftretenden Wellen durch statistische Kennwerte zu beschreiben. Gebräuchlich ist die durchschnittliche Höhe der 33 Prozent höchsten Wellen in einer Aufzeichnung von 30 bis 60 Minuten. Dies ist die signifikante Wellenhöhe H_s. Übrigens tendiert auch ein Beobachter dazu, sich mehr auf die höheren Wellen zu konzentrieren und sie eher nach der signifikanten Wellenhöhe einzuschätzen als nach der mittleren Wellenhöhe aller registrierten Wellen. Um eine Vorstellung von Wellenlänge zu gewinnen, könnte man an einer Pfahlreihe den Abstand zwischen zwei aufeinanderfolgenden Wellenkämmen abschätzen. Die Zeit, in der ein Wellenberg auf den nächsten folgt, wird als Wellenperiode (T) bezeichnet und beträgt in der Nordsee zwischen 4 und 15 Sekunden.

Jüngste Wasserstandsrekorde

An der nordfriesischen Küste hat die Sturmflut vom 24./25. November 1981 die bisher höchsten Sturmflutwasserstände hervorgerufen, zum Beispiel am Pegel List mit 4,05 Metern über dem Meeresspiegel. Im Gebiet der ostfriesischen Küste hat die sehr schwere Sturmflut vom 28. Januar

1994 im Bereich von Weser und Ems die dort bisher bekannten Höchstmarken von 1962 und 1976 übertroffen. Von diesem Ereignis lieferten Seegangsmessungen in der südlichen Nordsee beachtliche Wellenhöhen.
Am 28. Januar 1994 wurden beim Borkum-Riff die höchsten je registrierten Wellen mit $H_s = 8{,}10$ Metern beobachtet. Diesmal war der Kern des Sturms auf Ostfriesland ausgerichtet und verursachte dort auch entsprechende Schäden. Vor Helgoland und Sylt wurden zur gleichen Zeit deutlich geringere Wellenhöhen gemessen, zum Beispiel „nur" $H_s = 5{,}1$ Meter vor Sylt, ein Wert, der gleichermaßen für die Seegebiete vor Hörnum wie vor Westerland gilt. Die Stationen liegen mehrere Kilometer vor der Küste, also noch westwärts der Riffzone. Letztere sorgt dafür, daß die Wellen, die der Beobachter vom Strand aus sehen kann, deutlich niedriger sind.

Wellenwirkung auf Küste und Uferbauten

Anders als für den Ozeanographen, der sich mit der Energieabgabe aus dem Wind in das Meer und mit der komplexen Entstehungsgeschichte der Wellen befaßt, ist für den Küsteningenieur der Seegang eine gegebene Größe, die auf die Küste trifft. Hier wird dann auf einem schmalen Streifen, der sich im wesentlichen auf die Brandungszonen beschränkt, die gesamte Energie verzehrt und durch hochturbulente Strömungsvorgänge letztlich in Wärme umgewandelt. Die dabei umgesetzte Energie ist gewaltig; so liefert ein Sturmseegang von fünf Metern mittlerer Wellenhöhe – und ein solcher ist in der Nordsee keine Seltenheit – je Strandkilometer eine Leistungsabgabe von 240 Megawatt, das ist die Leistung des Kernkraftwerks Lingen. Die Wellenenergie nimmt dabei mit dem Quadrat der Wellenhöhe zu: Eine zehn Meter hohe Welle hat die 25fache Energie gegenüber einer Welle von zwei Metern Höhe und die 100fache einer Welle von einem Meter Höhe. Diese hohen Wellenenergien können zerstörerische Kräfte entwickeln, die besonders in der Kliffbrandung an Felsküsten und an künstlichen Wellenbrechern in Erscheinung treten. So wurde bei einem Sturm am Wellenbrecher von Wick in Schottland ein 1350 Tonnen schwerer Betonblock um zehn Meter verschoben; auf den Shetlandinseln wurden Blöcke mit einem Gewicht von bis zu 13 Tonnen 20 Meter über dem Meeresspiegel auf das Land geschleudert. Es gibt zahllose Berichte, die weniger spektakulär sind, über verheerende Wellenwirkungen auch an der deutschen Nordseeküste.

Hydrodynamik der Welle

Hydrodynamisch wird der Brandungsvorgang durch das Brechen der Wellen am Brechpunkt oder in einer Brecherzone eingeleitet. Noch unmittelbar seewärts des Brechpunktes herrscht die oszillierende (gleichmäßig schwingende) Bewegung der Wasserteilchen in den sogenannten Orbitalströmungen vor. Im Idealfall schwingen die Teilchen dabei in vertikalen Kreisen parallel zur Fortpflanzungsrichtung der Welle und erreichen nach Durchgang einer Welle wieder ihre Ausgangsposition. Innerhalb der Brandungszone sind die Strömungsverhältnisse stark von der Brecherart abhängig.

Grundsätzlich sind drei Formen zu unterscheiden:

- Schwallbrecher (spilling breaker) bei sehr flach geneigten Stränden,

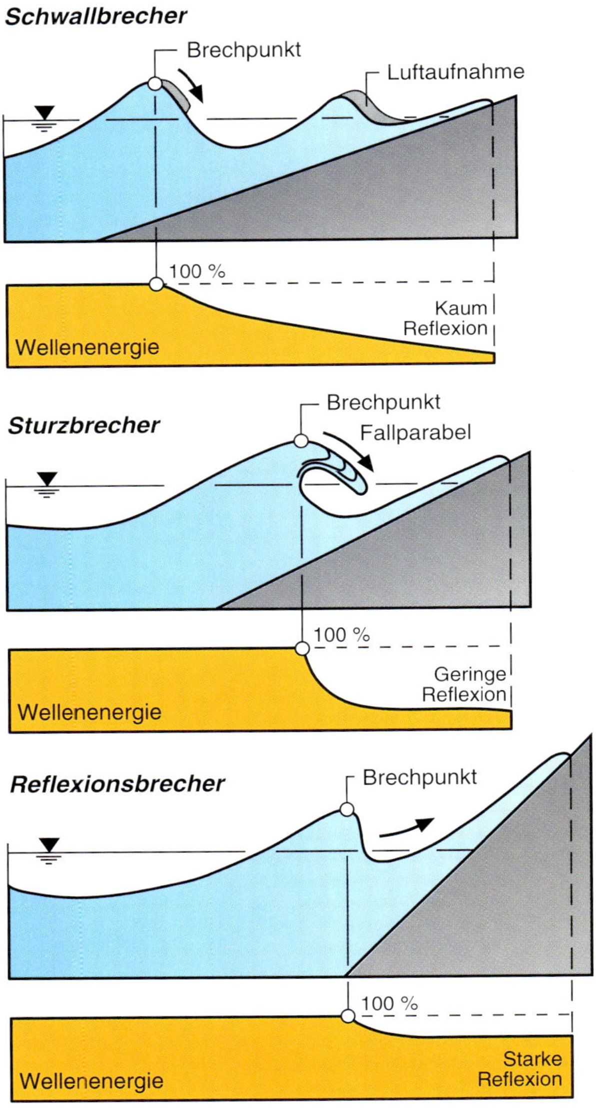
Schwallbrecher
Brechpunkt
Luftaufnahme
100 %
Kaum
Reflexion
Wellenenergie
Sturzbrecher
Brechpunkt
Fallparabel
100 %
Geringe
Reflexion
Wellenenergie
Reflexionsbrecher
Brechpunkt
100 %
Starke
Reflexion
Wellenenergie

Am Dünenrand vor der Strandhalle auf Spiekeroog entstand am 28. November 1932 vormittags um 11 Uhr diese historische Aufnahme. Die Wassermassen werden vom Dünensaum reflektiert und stoßen auf eine neue anrollende Welle.

Je nach der Neigung des Untergrunds und den Charakteristika der Energieumwandlung lassen sich drei Brecherformen unterscheiden (gegenüberliegende Seite).

- Sturzbrecher (plunging breaker) bei stärker ansteigender Sohle und
- Reflexionsbrecher (surging breaker) bei sehr steiler, meist künstlicher Böschung.

Der Schwallbrecher ist daran zu erkennen, daß vom Brechpunkt an eine Wasserschicht allmählich den Leehang (das ist der landwärtige Hang) der Welle hinabläuft, wobei die Welle an Höhe und Energie verliert. Beim Sturzbrecher entsteht am Brechpunkt aus dem Wellenkamm eine Brecherzunge, die im freien Fall in Form einer Parabel in das davor befindliche Wellental stürzt. Die Energieumwandlung findet auf sehr kurzer Strecke – von der Größenordnung weniger Wellenhöhen – statt und bewirkt so erhebliche Belastungen an der Sohle von Bauwerken.
Die Energieabgabe einer Brandung je Flächeneinheit kann als Maß für die mögliche Zerstörungskraft angesehen werden. An Riffküsten, wie vor Sylt, wird der Seegang durch die Brandung am Riff bereits abgeschwächt. Hier ist das Verhältnis H (Wellenhöhe seewärts des Riffs) zur Wassertiefe d (über dem höchsten Punkt des Riffs) entscheidend an der Seegangsschwächung beteiligt. Bei einem Verhältnis der Wellenhöhe zur Wassertiefe von 1:1 beispielsweise geht die Wellenhöhe um über 50 Prozent zurück, die Wellenenergie sogar um über 70 Prozent.
Anhand von Langzeituntersuchungen wurde nachgewiesen, daß im Jahresmittel durch den Riffeinfluß und die abnehmende Wassertiefe nur etwa 20 Prozent der von der See anlaufenden Wellenenergie die Strandbrandungszone erreicht.
Die Küste und das Küstenvorfeld sind ein sehr empfindliches Ökosystem, das im wesentlichen durch die hydrodynamischen Vorgänge vom Meer her geprägt wird. Wo Gleichgewichtszustände

auftreten, sind es oft nur Fließgleichgewichte – wie bei der Sandwanderung. Aber auch der Mensch hat mit seinen Küstenschutzbauwerken einen festen Platz in diesem zum großen Teil auch von ihm mitgestalteten System; er hat dort seine Rechte, aber auch seine Pflichten. Der Küstenschutz ist dabei sein lebensnotwendiges Recht. Die Küstenforschung wird aber damit zugleich zur Pflicht, damit in steter Kontrolle der Rückkoppelungsbeziehung zwischen Eingriff und Wirkung ein optimaler Küstenschutz möglich wird.

Küstenschutz: Gefahrenabwehr gegen das Meer

Peter Wieland

Noch zu Beginn unserer Zeitrechnung war der Küstenschutz ohne Bedeutung. Die wenigen im Küstenraum wohnenden Menschen siedelten auf der hohen Geest in großem Abstand von den ständig abbrechenden Steilufern, und waren diese irgendwann herangerückt, dann wichen sie mit ihren Wohnbauten landeinwärts zurück. In der Marsch gab es vereinzelte Flachsiedlungen, für die jedoch ein Schutz gegen Überflutungen zunächst nicht erforderlich war. Der Meeresspiegel hatte um diese Zeit einen so niedrigen Stand, daß Sturmfluten nicht an die Siedlungen heranreichten. Als er wieder anstieg, wuchs auch die Gefahr.

Sturmfluten an sich sind überhaupt nichts Schlimmes. Erst seit Menschen in den überflutungsgefährdeten Niederungen wohnten und Schaden erlitten, wurden diese völlig natürlichen Ereignisse zu Katastrophen. Die Gefahr begann, als um das Jahr 1000 zum ersten Mal eine geschlossene Deichlinie entlang der Küste geschaffen war. Sie bestand zwar zunächst nur aus niedrigen Erdwällen, doch bildeten diese schon einen Riegel gegen das Meer. Daraus folgte zum einen, daß die Menschen sich dahinter nun sicherer fühlten. Zum anderen stauten sich die Wasserstände vor den Deichen jetzt höher auf, und das zum Meer drängende Binnenwasser wurde landseitig aufgehalten und staute zurück. Die Verluste bei schweren, überschlagenden Sturmfluten wuchsen ins Unermeßliche. Immer wieder ertranken viele tausend Menschen und Tiere; ungezählte Häuser wurden zerstört, Hab und Gut und zum Teil auch Land und Siedlungen gingen verloren. Das Ausmaß der Katastrophen nahm erst allmählich ab, denn die Entwicklung sicherer Schutzwerke kam über Jahrhunderte nur langsam voran. Woran lag das?

Zunächst einmal nahm es sehr viel Zeit in Anspruch, den Deichkörper in Handarbeit nur mit Hilfe von Körben, Tragbahren und später Schubkarren und von Pferden gezogenen Ackerschlitten aufzuschütten. Hinzu kam, daß oft die Männer für diese schwere Arbeit fehlten: Sie waren entweder in einer Sturmflut ertrunken oder der Pest zum Opfer gefallen, so zum Beispiel in den Jahren 1348 und 1603. Neben denjenigen, die in den Krieg zogen – etwa zur Zeit des Dreißigjährigen Krieges (1618–1648) – fehlten vor allem die Seefahrer, die den Sommer über nicht zu Hause waren, da sie zum Beispiel mit Walfangschiffen das nördliche Eismeer befuhren. Viele kehrten von dort nicht wieder zurück. Darüber hinaus herrschten immer wieder besondere Notzeiten nach Sturmflutkatastrophen und Wirtschaftskrisen, in denen es an Geld mangelte und Verzweiflung und Entmutigung die Menschen lähmten. Und schließlich glaubten viele, bestärkt durch Obrigkeit und Kirche, Sturmfluten seien Strafgerichte Gottes für die begangenen Sünden. Gottesfurcht und Uneinigkeit verzögerten die Entwicklung wirksamer Schutzmaßnahmen: Die Deiche waren lange Zeit zu niedrig und zu steil geböscht. Nach und nach aber bildeten sich immer größere Gemeinschaften, die in der Lage waren, entsprechende Lasten zu tragen. Auf- und Ausbau staatlicher Ordnungen ermöglichten finanzielle Zuschüsse sowie eine geregelte und beaufsichtigte Entwicklung des Küstenschutzes. Schließlich begannen sich auch Ingenieure um den Küstenschutz zu kümmern. Als einer der ersten schuf Albert Brahms in seinem 1757 in Aurich erschienenen Werk „Anfangsgründe der Deich- und Wasserbaukunst“ ein noch heute vorbildliches Lehrbuch. Aber der beste Lehrmeister ist die Natur.

Aus jeder schweren Sturmflut lernt man hinzu. Wesentliche neue Erkenntnisse, die als Regeln in den „Generalplänen Küstenschutz“ der Länder festgeschrieben sind, brachten die „Hollandsturmflut“ 1953, die Februarflut von 1962 und die Januarfluten von 1976.

Auf die Küste einwirkende Kräfte

Welche Meereskräfte gefährden die Küste? Eine bedeutende Rolle spielen die Gezeiten. Dies sind astronomisch bedingte periodische Schwankungen des Nordseespiegels. Den Unterschied zwischen dem gewöhnlich zweimal täglich auftretenden Hochwasser (Tidehochwasser) und dem Niedrigwasser (Tideniedrigwasser) nennt man Tidehub. Er pendelt unterschiedlich weit um „Normalnull“ (abgekürzt: NN), den 1912 festgelegten mittleren Meeresspiegel als Ausgangsniveau für alle Höhenmessungen in Deutschland. Der Tidehub ist örtlich unterschiedlich: im Mittel 1,75 Meter in List auf Sylt, 2,3 Meter auf Borkum und Helgoland, 2,85 Meter in Cuxhaven und 3,26 Meter in Büsum. Generell nimmt er vom Innern der Deutschen Bucht nach Norden ab. Dabei entstehen abwechselnd land- und seewärts gerichtete Wasserströmungen. Sie erreichen Geschwindigkeiten von drei bis zu fast zehn Meter pro Sekunde (ca. zehn Kilometer pro Stunde) in den tiefen, engen Wattströmungen und 0,3 Meter pro Sekunde auf den Wattrücken. Starker Winddruck in Fließrichtung kann die Fließgeschwindigkeit an der Wasseroberfläche verdoppeln, in der Gegenrichtung entsprechend abbremsen oder die Fließrichtung über den Watten verändern (Driftströmung). Starker Wind, als zweiter bedeutender Faktor, erzeugt außerdem Seegang mit mehr als fünf Meter hohen

Eine Seedeichböschung in der Dithmarscher Bucht während der Januarsturmflut 1976 läßt eindrucksvoll die aufschießenden Wellenzungen erkennen.

Wellen an der Küste und starke Brandung. Schwerer auflandiger Sturm vermag den Meeresspiegel entlang der aufragenden Küstenlinie weit hochzudrücken (Windstau), so zum Beispiel in Büsum bei der Sturmflut am 3. Januar 1976 bis zu 3,57 Meter über den mittleren Tidehochwasserstand. Die Wellenzungen an Ufern und Böschungen können darüber hinaus noch bis zu drei Meter hochschießen (Wellenauflaufhöhe).

Wie die Küste heute geschützt wird

Was wird gegen die Bedrohung durch das Meer unternommen? Wie sieht moderner Küstenschutz aus? Bei dem Bemühen, den menschlichen Lebensraum vor den schädigenden Einflüssen des Meeres zu schützen, haben Menschenleben absoluten Vorrang vor Sachwerten.
Dabei gelten folgende Grundregeln:

- Entscheidungen und Planungen müssen sich auf gründlich zu erfassende Naturzustände, -kräfte und -entwicklungen stützen.
- Notwendige Maßnahmen müssen schonend in die Landschaft eingefügt werden; nachteilige Eingriffe sind zu vermeiden.
- Die neuesten Erkenntnisse der Küstenschutztechnik sind anzuwenden und alle berührten Nachbardisziplinen (zum Beispiel Geologie, Geographie, Ökologie) sind einzubeziehen.
- Die Verhältnismäßigkeit der Mittel zwischen den sehr hohen Kosten und dem Nutzen ist zu wahren.

Die Art einer Maßnahme richtet sich danach, ob die betroffene Küste überflutungsgefährdet ist, ständigem Abbruch (Rückgang) unterliegt oder durch geologische Umformungen im Wattenmeer bedroht ist.

Wenn die aufgewühlte See die halbe Höhe der Außenböschung erreicht hat, beginnt die Gefährdung des Deichs (oben).

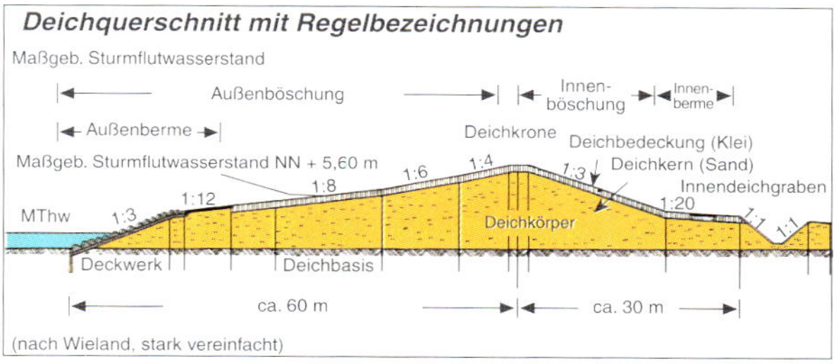

Regelprofil eines modernen Seedeichs ohne schützendes Vorland (Schardeich) am Beispiel des Speicherkooges Dithmarschen

Welche Küstenschutzmaßnahmen gibt es nun für den jeweiligen Zweck?
Entlang der deutschen Nordseeküste – einschließlich der Inseln – erstrecken sich bis zu 25 Kilometer breite überflutungsgefährdete Marschniederungen. In Schleswig-Holstein sind das Gebiete mit einer Fläche von rund 3500 Quadratkilometern, die eine Höhe von weniger als 2,50 Meter über dem Meeresspiegel (NN) aufweisen. Der tiefste natürliche Landpunkt liegt in der Wilstermarsch mit rund dreieinhalb Metern unter dem Meeresspiegel! In Niedersachsen liegen rund 5000 Quadratkilometer weniger als fünf Meter über dem Meeresspiegel.
Dieses Land wird heute auf knapp 900 Kilometer Länge von Seedeichen geschützt, dem somit wichtigsten Küstenschutzwerk. Ein Seedeich ist, mit wenigen Ausnahmen, ein in Jahrhunderten gereifter Erdkörper. Für den Bau gelten heute folgende wesentliche Richtwerte:

- Die Deichkrone darf nicht überströmt werden; höchstens zwei Prozent der Wellenzungen dürfen kurzfristig überschwappen.
- Die Kronenhöhe ergibt sich aus verschiedenen Kennwerten. Der „Bemessungswasserstand" darf nur einmal in 100 Jahren erreicht oder überschritten werden und nicht niedriger liegen als der bisher höchste Sturmflutwasserstand. Ferner sind von Bedeutung die Wellenauflaufhöhe, der langfristige Meeresspiegelanstieg sowie die Setzungen des Bodenuntergrundes durch die Auflast und die Sackungen des neu aufgeschütteten Deichkörpers.
- Der Seegang und die Brandungskräfte sind zu berücksichtigen.
- Die Böschungsneigungen dürfen nicht zu steil sein.

Die Deichhöhe für den Ort Büsum kann als Beispiel dienen:	
Mittlerer Tidehochwasserstand über NN	1,59 m
Sturm drückt Meeresspiegel höher (Windstau) um	3,57 m
Hoher Seegang führt zum Aufschießen brechender Wellen an der Böschung (Wellenauflaufhöhe)	3,00 m
Der Meeresspiegel stieg in den letzten 50 Jahren um	0,14 m
und wird in den kommenden 50 Jahren ansteigen um	0,15 m
Als Bodensetzung und -sackung sind berechnet	0,25 m
Herzustellende Höhe der Deichkrone über NN:	8,70 m

Der Deichkörper verfügt heutzutage über einen Sandkern, der mittels Spülbagger oder LKW und Planierraupen eingebracht wird, und eine bis zu einem Meter dicke Kleibodenabdeckung mit Raseneinsaat. Wenn das Vorland fehlt und der Deich unmittelbar am Wasser steht, dann bezeichnet man ihn als „Schardeich“. Sein Fuß wird mit einem Steindeckwerk bis zu einer Höhe von mindestens eineinhalb Metern über dem mittleren Tidehochwasserstand gegen die stärkeren Wellenkräfte geschützt.
In seltenen Fällen, zum Beispiel wenn mit Sandflug von Dünen zu rechnen ist oder wenn der Kleiboden fehlt, wird der Sandkern mit einer Asphaltbetondecke von acht bis 40 Zentimeter Dicke versehen, der außen einen Neigungswinkel im Verhältnis 1:6 aufweist.

Die so entlang der Küste gebauten Seedeiche wirken wie ein Schutzriegel: Salziges Meerwasser kann nicht mehr in das Land eindringen. Eine geschlossene Deichlinie hat aber eine unerwünschte Nebenwirkung, die der Außenstehende zumeist unterschätzt: Sie wirkt nämlich auch nach innen, so daß den Marschniederungen Überschwemmungen durch das Süßwasser drohen, wenn es nicht ständig – und vermehrt nach hohen Niederschlägen – aus dem Binnenland in die Nordsee abfließen kann.

Schutz für das Binnenland, Flüsse und Häfen

„Versupt wi nich in Soltwater, versupt wi in Sötwater“ (Ertrinken wir nicht im Salzwasser, ertrinken wir im Süßwasser), sagten die Küstenbewohner früher oft resignierend, wenn sich das Hochwasser der Flüsse zurückstaute und über die Ufer trat. Für die Normalabflüsse sorgen Siele. Das sind tunnelartige Öffnungen im Seedeich mit oft selbsttätigen Stemmtoren. Sobald während der Ebbe der Außenwasserstand unter den Binnenwasserstand sinkt, werden sie einfach durch den dann zunehmend stärkeren Wasserinnendruck aufgestoßen. Das Wasser fließt so lange ins Meer ab, bis draußen die Flut die Binnenwasserhöhe wieder erreicht und die Tore langsam zugedrückt hat, und zwar stets dem Gezeitenrhythmus folgend.

Nun können Stürme den Außenwasserstand manchmal so hoch halten, daß das Binnenwasser tagelang nicht abfließen kann und bei zugleich hohen Niederschlägen ausufern würde. Um dies zu vermeiden, werden Speicherbecken angelegt, in denen sich das Binnenwasser sammeln kann, und entsprechend große Sielbauwerke errichtet, die

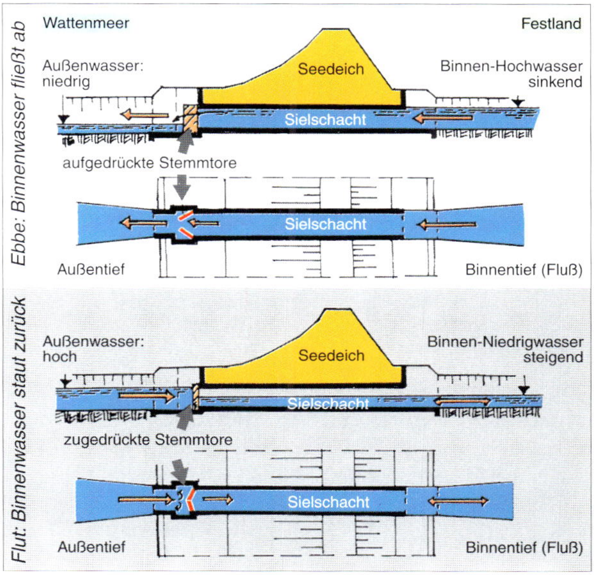

Das Eidersperrwerk bei Sturmflut: Die See brandet gegen die heruntergedrehten fünf Segmenttore von je 40 Meter Länge, die ihr den Weg in den Eidertrichter versperren (oben).
Rechts: Funktion eines herkömmlichen Sieles

mit elektrisch betriebenen Hubtoren oder Segmentverschlüssen ausgestattet sind. In besonders niedrigen Marschen, die sich nur zum Teil natürlich entwässern können, werden die Siele mit Schöpfwerken kombiniert. Wie werden aber die den Deichriegel unterbrechenden Tideflüsse und Häfen geschützt?

Bei den offen in die Nordsee mündenden Strömen Elbe, Weser und Ems gehen die Seedeiche in uferbegleitende Flußdeiche über. Die Eider jedoch quert über viele Kilometer moorige Niederungen, die ausreichend hohe Flußdeiche nicht zu tragen vermögen. Deshalb ist sie zur Abwehr von Sturmfluten 1967 bis 1972 mündungsnah abgedämmt und die weite Öffnung mit einem Großsperrwerk und einer Schiffsschleuse gesichert worden. Durch Sperrwerke werden auch alle in die großen Tideströme mündenden Flüsse gesichert, um so die teureren Flußdeichverstärkungen und die Aufwendungen für ihren Unterhalt einzusparen. Bei den Sperrwerken sind die Tore gewöhnlich immer geöffnet, um die Tideschwingungen nicht zu stören und Versandungen zu vermeiden. Sie werden bei zu erwartenden Sturmfluten rechtzeitig geschlossen, gelegentlich auch bei Tidehochwasser für flußaufwärts fahrende Schiffe mit großem Tiefgang oder während Tideniedrigwasser, um flußaufwärts für Extremabflüsse zusätzlichen Speicherraum zu schaffen.

Küstenschutzmaßnahmen sind aber auch seewärts des Sturmflutschutzriegels erforderlich. Mit ihnen sollen Seegangs- und Strömungskräfte verringert und bedrohliche Umformungen im Wattenmeer abgewehrt werden.

Salzwiesen und Watten dämpfen Seegangskräfte

Zwischen Festland und offenem Meer erstreckt sich als Übergangszone das Wattenmeer, das bei Tideniedrigwasser zu zwei Dritteln trockenfällt und im flachsten Bereich bei Tidehochwasser gewöhnlich nur 20 bis 30 Zentimeter hoch mit Wasser überdeckt ist. Eingestreut sind die Inseln, Halligen und Außensände, dazwischen verlaufen tiefe Wattströme und Priele. Unmittelbar vor den Seedeichen hat sich vielerorts durch Ablagerungen mitgeführter Feinstoffe ein Salzwiesen-Vorlandgürtel entwickelt, der bei Normalhochwasser nicht mehr überflutet wird, sondern nur noch bei Sturmfluten. Hier können sich nicht so starke Seegangskräfte entwickeln wie bei größeren Wassertiefen, so daß die Seedeiche weniger hoch und mächtig sein können. Das Vorland hält auch herandrängende Priele vom Deichfuß fern.
Der Küsteningenieur hat nun die Aufgabe, den natürlichen Prozeß des Aufschlickens zu unterstützen, damit sich rascher ein wirksamer, das heißt bis zu 400 Meter breiter Vorlandgürtel entwickeln kann. Dazu werden Landgewinnungswerke errichtet aus gitterartig angeordneten Lahnungen mit Hauptgräben und schmalen Grüppen dazwischen. Das Wasser läuft bei Flut langsamer in dieses Netz ein, wird länger festgehalten und läuft bei Ebbe langsamer wieder ab, wodurch die Ablagerungszeit verlängert wird. Bereits bei einer Aufschlickungshöhe von einem halben Meter unter mittlerem Tidehochwasser setzt der natürliche Salzpflanzenwuchs ein.
Im Wattenmeer kann es auch zu erheblichen Verlagerungen von Wattströmen oder Prielen kommen, die ein Schutzwerk gefährden können. Zu ihrer Ablenkung werden schwere Steinlahnungen

Lahnungen (oben) beschleunigen durch verstärkte Ablagerung von Sinkstoffen die Vorlandbildung. Grüppen (Gräben) und Wattbeete, wie hier in der Leybucht (rechts), bilden langgestreckte Strukturen im neu entstandenen Vorland, auf dem sich Salzwiesen ansiedeln.

oder -buhnen sowie Sanddämme errichtet und Durchstichbaggerungen ausgeführt.
Bisher wurden die wesentlichen Maßnahmen zum Schutz der Flachküsten beschrieben. Was wird an den hohen Kliffs, Dünenküsten und Stränden getan?

Die Problematik der Abbruchküsten

Entlang dem Festland finden wir hohe Küstenabschnitte in Form schmaler Geestvorsprünge nur bei Husum, bei Cuxhaven-Duhnen und Dangast am Jadebusen. Sie laufen jedoch im hohen Watt aus, so daß Abbruchprobleme nicht bestehen. Dagegen sind die dem Festland vorgelagerten Geest- und Düneninseln erheblichen Angriffen und Abbrüchen ausgesetzt. Unter den drei nordfriesischen Altmoräneninseln ist die sehr exponierte Insel Sylt am stärksten betroffen.
An ihrer über 30 Kilometer langen Westküste gehen im Durchschnitt pro Jahr fast eineinhalb Millionen Kubikmeter Substanz verloren. Die Abbruchkante weicht jährlich im Mittel um etwa einen bis zwei Meter zurück. Seit 1972 die Sandvorspülungen auf Sylt eingeführt wurden, hat man jedoch den Küstenabtrag wesentlich verringern können. Geringer sind die Verluste an der zum hohen Watt hin orientierten Südküste der Insel Föhr und der vom breiten vorgelagerten Kniepsand profitierenden Insel Amrum. Stärker gefährdet sind allerdings deren engbebaute, an tiefe Wattströme grenzende Südostköpfe.
Die natürliche Dynamik einer exponierten Abbruchküste vollzieht sich kreislaufartig in einer Abfolge von stetem Strandabtrag, Transport des Sandes längs der Küste mit allmählicher Aufzehrung des Strandes sowie – während der Sturmflu-

ten – von Wiederauffüllung des Strandes durch Abbrüche an Kliff und Randdüne. Dadurch ist zwar stets ein breiter Strand vorhanden, die Abbruchkante jedoch weicht ständig zurück.
Bei den einst von der Meeresbrandung aufgeworfenen ostfriesischen Düneninseln ist die Veränderungstendenz insofern eine andere, als aufgrund ihrer West-Ost-Orientierung und der dazwischen liegenden tiefen Seegats die Westköpfe von den Meereskräften besonders stark angegriffen und abgetragen werden. Der Sand wird an den Inseln entlangtransportiert, teils am Strand und Ostkopf abgelagert, teils in weiten Riffbögen durch die Seegats zur jeweils östlichen Nachbarinsel befördert. Hier sind Küstenschutzmaßnahmen notwendig, sofern Menschenleben bedroht sind.
Besonders gefährdete Küstenabschnitte an der offenen See wurden durch fast senkrechte Ufermauern geschützt, so bereits 1907 vor Westerland. Die Meereskräfte trugen aber nun den Strand davor stärker ab, und da er nicht mehr durch Küstenabbrüche aufgefüllt wurde, lagen die Fundamente bald frei, und die Mauer drohte umzustürzen. In diesem Fall wäre der natürliche Kreislauf wiederhergestellt worden. Weil aber die bis ans Ufer heranreichende Bebauung geschützt werden mußte, wurde die Mauer durch eine davorgesetzte Steindecke gesichert. Der Strandabtrag setzte sich dennoch fort, und es folgten von 1950 bis 1970 weitere Absicherungen durch verschiedene massive Vorbauten.
An den Flanken dieser Schutzwerke gingen Abbruch und Rückgang natürlich weiter. Dort wurden dann weniger hart in die Natur eingreifende geneigte Schutzwerke gebaut. Zunächst glatte, später rauhe Beton-, Asphalt- und Steindeckwerke und auch durchlässige Tetrapodenwäl-

le, die einen Teil der Brandungskräfte schadlos auffangen sollten. Ähnliche Bauten schützen die an den Seegats liegenden Inselköpfe der ostfriesischen Inseln. Sie lenken die dort sehr starken Gezeitenströmungen ab und sind zusätzlich durch senkrecht dazu angeordnete massive Steinbuhnen gesichert.
Inzwischen haben die Ingenieure eine Methode entwickelt, die Mauern, Deckwerke und Strände kostengünstiger und wirksamer schützt und den Küstenrückgang aufhält.

Sandauffüllungen als Schutz

Schon seit rund 250 Jahren wird an Dünenküsten windbewegter Sand durch niedrige Reisigzäune und Strandhaferpflanzungen aufgefangen, um am Fuß der Randdünen fortgespülten Sand zu ersetzen. Mit fortschreitender Aufsandung werden stets neue Zäune gesetzt. Dazwischen gepflanzter Standhafer *(Ammophila arenaria)* wächst mit dem Sandauftrag hoch und „verankert“ den Sand durch immer neue Wurzelbildung an den Halmknoten. Mit dieser Maßnahme konnte zum Beispiel die bei der Februarsturmflut 1962 vor der Kersig-Siedlung in Hörnum durchgebrochene Düne wiederaufgebaut werden. Der hier zugrundeliegende Gedanke, dem Meer ein Sandpolster zu bieten, das es abtragen und verteilen kann, ohne das Steilufer zu erreichen, wird seit einigen Jahren in größerem Umfang unter Einsatz modernsten Großgeräts durch Aufspülungen umgesetzt: Mit Spezialbaggern wird Sand vom Meeresgrund gefördert, am Strand aufgespült und mit Raupen zu einem so hohen Sanddepot aufgeschüttet, daß Sturmfluten die Oberkante nicht erreichen können. Die Menge reicht für mehrere

Jahre aus, bis sie völlig abgetragen ist. Sie wird dann erneuert.
Vor diesem Hauptdepot wird außerdem der Strand auf einer Breite von mindestens 70 Metern auf eine Höhe von etwa einem Meter unter Tideniedrigwasser bis ca. zwei Meter über mittlerem Tidehochwasser aufgespült. In ähnlicher Weise werden mit geringerem, aber genau berechnetem Sandbedarf auch die vor den vorhandenen Schutzwerken abgetragenen Strände wieder ersetzt.

Bilanz und Ausblick

Mit den in Jahrhunderten gesammelten Erfahrungen und hinzugewonnenen Kenntnissen über die Naturkräfte und ihre Wechselwirkungen, mit den inzwischen verfügbaren technischen Möglichkeiten und mit erheblichen Geldmitteln des Bundes und der Länder besitzen wir heute Küstenschutzanlagen von hohem Sicherheitsgrad für die Menschen. Die Küsteningenieure bleiben aber auch künftig über das Sichern und Betreiben der vorhandenen Anlagen sowie das Beobachten der Naturvorgänge hinaus in hohem Maße gefordert. Denn es sind ungünstige meteorologische und hydrologische Veränderungen (zum Beispiel die Erhöhung der Wasserstände und die Zunahme der Windkräfte) festzustellen, und Seedeiche können nicht beliebig erhöht werden. Zudem verbietet der Naturschutz schädigende Eingriffe, und gestiegene Kosten und knappere Haushaltsmittel verlangen das Überprüfen und Anpassen bisheriger Küstenschutzaktivitäten.

Sandvorspülung westlich der Hörnum Odde auf Sylt (oben)
Rechts: Der eiszeitliche Teil des Roten Kliffs bei Kampen auf Sylt (oberer Steilhang) hebt sich nur wenig vom darunterliegenden Sandkliff ab, das den Rest einer Sandvorspülung darstellt.

Das Erdbuch Waldemars II. und die Nordfriesischen Inseln im Mittelalter

Manfred Jessen-Klingenberg/Jürgen Newig

Wie der Verlauf der nordfriesischen Küste vor den Sturmfluten des späten Mittelalters und besonders vor der großen „Mandränke“ des Jahres 1362 ausgesehen hat und welcher Gestalt die Inseln waren, läßt sich heutzutage nur annäherungsweise rekonstruieren. Auch die Frage, welche Inseln dem nordfriesischen Festland vorgelagert waren, ließ sich bislang nur hypothetisch und damit nicht zufriedenstellend beantworten. Dem Erdbuch König Waldemars II. von Dänemark (1202–1241), das als Steuerregister diente, ist eine Liste der Inseln beigefügt; sie ist, was die Zahl und die Namen der friesischen Inseln betrifft, unsere wichtigste schriftliche Quelle.

Bisher konnten nicht alle hier verzeichneten Inseln eindeutig identifiziert und lokalisiert werden. Die wohl größte Schwierigkeit bereitet die in der Liste aufgeführte Insel „Gæstænacka“, deren Name weder aus der vorhergehenden noch aus der späteren Zeit überliefert ist.

Einen Ausweg aus diesem Dilemma eröffnet die Annahme, daß es sich bei dem Namen um einen Schreibfehler handelt. Bevor wir dieser Vermutung weiter nachgehen, seien jedoch zunächst einige Bemerkungen zu Waldemar II. und seinem Erdbuch vorausgeschickt.

Waldemar II. nutzte den Zwist im Deutschen Reich, den Kampf zwischen den Welfen und den Staufern um den deutschen Königsthron, geschickt für seine Großmachtpolitik aus. Binnen kurzem gelang es ihm, Holstein, Wagrien und Ratzeburg zu erobern. Der staufisch-welfische Gegensatz wurde in der Schlacht bei Bouvines 1214 entschieden, in der die stauferfreundlichen Franzosen die auf Seiten der Welfen stehenden Engländer besiegten. Waldemar II. hatte für die Staufer Partei ergriffen und wurde nun von Friedrich II.

(1212–1250) reichlich belohnt: Der deutsche Kaiser trat ihm alle Lande jenseits von Elbe und Elde sowie das in „Slavien“ von den Dänen eroberte Gebiet ab. Außer dem nordelbischen Holstein waren Mecklenburg, Vorpommern, Rügen und Pommern Teile des dänischen Reichs.
Dem raschen Aufstieg des Siegers und seines Reichs folgte der jähe Absturz: 1223 nahm Graf Heinrich von Schwerin den König und seinen Sohn und Mitregenten Waldemar nach einer feuchtfröhlichen Jagdgesellschaft auf der südlich von Fünen gelegenen Insel Lyø gefangen und setzte sie auf der Burg Dannenberg an der Elbe fest.
Verhandlungen über die Freilassung der gefangenen Könige scheiterten; man forderte unter anderem ein Lösegeld von 40 000 Mark Silber von Waldemar II. In der Zwischenzeit nutzten einige norddeutsche Fürsten die Gunst der Stunde, um die dänische Herrschaft gewaltsam zu beseitigen. Nach ihrem Sieg bei Mölln 1225 wurden die Schauenburger mit Adolf IV. (1225–1261) wieder als Grafen in Holstein eingesetzt. Erst jetzt zeigte sich Waldemar II. bereit, die Forderungen seiner Gegner zu erfüllen: Er verzichtete auf das Land südlich der Eider und auf die slavischen Gebiete mit Ausnahme Rügens. Auch sagte er ein hohes Lösegeld zu. Indessen ließ sich der König bald nach seiner Freilassung von seinem Unterwerfungseid durch den Papst entbinden und suchte die Entscheidung mit den Waffen herbeizuführen.
Die Koalition von 1225, von Adolf IV. wieder zusammengeführt, sowie die Stadt Lübeck brachten dem dänischen König eine vernichtende Niederlage bei. Am Maria-Magdalenentag (22. Juli) 1227 wurde Waldemar bei Bornhöved geschlagen.

Das Erdbuch Waldemars II. und die Nordfriesischen Inseln im Mittelalter

Die dänische Vorherrschaft in der Ostseewelt, die ohnehin auf schwankendem Boden gestanden hatte, fand damit ihr Ende.

Waldemar hat die letzten 14 Jahre seines Königtums zur inneren Konsolidierung seines Reichs genutzt. In diesem Zusammenhang ist mit hoher Wahrscheinlichkeit auch das Erdbuch König Waldemars von 1231 oder zumindest dessen „Hauptstück" entstanden, das in der königlichen Kanzlei aufgesetzt wurde. Es enthält administrative Angaben unter anderem über die Einteilung des Reichs in Syssel und Harden, über Güter und Einnahmen des Königs in jedem Gebiet, über das Krongut und die privaten Besitzungen der Königsfamilie sowie über die Bewertung und Besteuerung des Bodens. Zum Hauptstück gehört auch die Inselliste. Die uns überlieferte Handschrift ist um das Jahr 1300 entstanden; die Urschrift ist nicht mehr vorhanden.

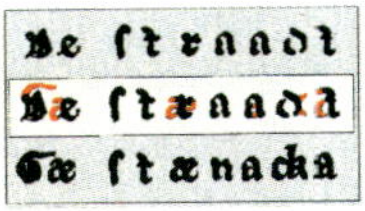

Wie aus „De Strandt" durch einen Lesefehler das Wort „Gæstænacka" werden konnte, veranschaulicht diese Grafik, die sich der Originalbuchstaben der alten Handschrift des Erdbuchs von Waldemar II. bedient.

Es läge nun nahe, die Liste auch zur Rekonstruktion des Küstenverlaufs des alten Nordfriesland heranzuziehen, gäbe es nicht die bisher nicht zu lokalisierenden Inselnamen „Gæstænacka", „Hwælæ maior" und „Hwælæ minor". Folgt man bei der Lösung des Rätsels dem geographischen Ansatz, der offensichtlich der Inselliste zugrunde liegt, so stößt man nach dem Prinzip der kürzesten Wege auf die Reihenfolge, in der man offenbar die Inseln bereiste und erlebte.

Diesen Gedanken hat bereits Reimer Hansen geäußert: „Wohl zu beachten ist aber die Reihenfolge der Inseln: Fanö, Mannö, Rymö, Hiortsand, Sylt, Ambrum, Föör, Aland, –, –, –, Haefrae (Westerhever), Holm (Utholm, jetzt Kirchsp. Tating, St. Peter Ording), Haelghaeland sind nach der geographischen Lage aufgezählt; man muß daher erwarten, daß auch bei den andern drei

Inseln ähnlich verfahren ist, und sie demgemäß in dem Gebiete zwischen Aland (d. i. Oland) und Haefrae suchen."

Daraus läßt sich die naheliegende Schlußfolgerung ableiten, daß der Name „Gæstænacka" auf einem Lesefehler beruht. Gemeint ist vermutlich die alte Insel Strand, die schon 1198 und 1229 als „De Strand", urkundlich erwähnt wurde.

Abschriften sind selten frei von Entstellungen, und es gibt dafür im Erdbuch noch viele andere Beispiele. So überrascht die Wandlung vom „de" zum „gæ" nicht, wenn man weiß, daß „de" auch an anderer Stelle in der Handschrift fehlgedeutet wurde, zum Beispiel zu „lae" (Nutraefelde zu Nutraefellae).

Ob die beiden anderen bisher nicht identifizierten Inseln mit den gelehrt klingenden Bezeichnungen „Hwælæ maior, Hwælæ minor" nun tatsächlich so hießen oder ihre Schreibung nicht vielmehr auch auf Lesefehlern beruht, muß dahingestellt bleiben. Es handelt sich mit hoher Wahrscheinlichkeit um Eiderstedt und Everschop, denn nur diese beiden Inseln kommen zwischen dem Strand und Hever (Hæfræ) als Landmassen noch in Frage. Vermutlich waren sie zur Zeit der Erstellung des Erdbuchs schon über längere Strecken nicht mehr durch ein Gewässer getrennt, sondern allenfalls noch durch eine sumpfige Niederung. Es kommt hier lediglich darauf an, daß beide noch als getrennte Einheiten wahrgenommen wurden – ebenso wie wir auch heute noch von Nordstrand als einer Insel sprechen, obgleich die Insel schon seit einer Reihe von Jahren über zwei Dämme mit dem Festland verbunden ist und streng genommen nur noch eine Halbinsel darstellt.

Wie läßt sich nun die Liste kartographisch umsetzen? Da es keine brauchbare moderne Rekon-

Gegenüberliegende Seite: Die Küstengestalt Nordfrieslands um 1240 zeigt diese Karte von Johannes Mejer aus dem Jahr 1652. Auf die Karte wurden Inselnamen in heutiger Schreibweise projiziert, die im Erdbuch Waldemars II. von 1231 aufgelistet sind.

struktion für die Inselwelt der damaligen Zeit in der räumlichen Spanne von Fanö bis Helgoland gibt, soll die um 1652 entstandene Karte von Johannes Mejer als Grundlage dienen.

Die Karte ist unter den Wissenschaftlern umstritten; einige tun sie sogar als Phantasieprodukt ab. Aber die Zahl ihrer Befürworter scheint zu wachsen. So heißt es etwa in dem Buch „Sturmflut" von Marcus Petersen und Hans Rohde: „Wie man sich das Marschland an der Westküste etwa zwischen 1000 und 1300 vorstellen kann, zeigt die Karte von Nordfriesland des Husumer Kartographen Johannes Mejer (1652). Sie soll den Zustand von 1240 wiedergeben. Diese Karte ist nicht in allen Einzelheiten richtig, wie aus kritischen Untersuchungen hervorgeht. Sie vermittelt dennoch einen im allgemeinen zutreffenden Eindruck."

Die Einordnung der Karte durch Petersen/Rohde zwischen 1000 und 1300 trifft den Sachverhalt recht gut. Sehr wichtig ist die Annahme einer zeitlichen Spanne, die streng genommen auch bei modernen Karten mit ihren ausgewählten Nachträgen bei späteren Auflagen noch gilt. Mejer selbst hat das ebenso gesehen, denn in den beiden Detailkarten zu dieser Überblickskarte heißt es ausdrücklich: „biß an das Jahr 1240".

Die Karte zeigt die amphibische Küstenlandschaft Nordfrieslands. Insgesamt dürften die Inselflächen etwas zu groß und die Wasserflächen entsprechend zu klein dargestellt sein. Nun müssen allerdings die Landflächen nicht immer besiedelbar oder landwirtschaftlich nutzbar gewesen sein. Auf jeden Fall ist die Karte geeignet, den scheinbaren Widerspruch zu erklären, der sich daraus ergibt, daß man einerseits von großen Hafenorten mit Nordseeverbindung weit im Landesinnern

Landtcarte Von dem Alten
NORTFRIESLANDE.
Frisia Cimbrica Antiqua
MARIS
CIMBRICI
PARS
Fanö
Mandö
Römö
Jordsand
Sylt
Föhr
Amrum
Oland
Der Strand
Hever
(H)Everschop
Holm
Eiderstedt
Helgoland

weiß und andererseits von Landflächen weit im Westen hört. Betrachtet man einmal den Ort Leck, so wird deutlich, daß sich tatsächlich landwärtige Lage und maritime Nähe nicht ausschlossen. Da der Deichgürtel der damaligen Zeit noch nicht die Tiefs und Priele überspannte, konnte man von Leck ohne weiteres mit größeren Schiffen in die offene Nordsee gelangen. Insgesamt war der Verlauf großer Teile der Küste eher von Ost nach West gestreckt und nicht von Nord nach Süd, wie es heute im Zeitalter der Küstenlinienverkürzung durch große Landesschutzdeiche der Fall ist.
Im übrigen möge sich jeder selbst davon überzeugen, daß eine Reihe bekannter Orte und Plätze durchaus an der etwa richtigen Stelle plaziert ist. Auffällig ist die Eintragung von „Wendingstadt“ (heute: Wenningstedt) als einem der nach der Signatur bedeutendsten Orte neben Ripen, Tondern, Leck, Schwabstedt und Tönning. Woher Johannes Mejer im 17. Jahrhundert die Angaben nahm, die zur Erstellung der Karte des 13. Jahrhunderts erforderlich waren, wird wohl immer ein Geheimnis bleiben.
Verfolgen wir jetzt die Lage der Inseln auf der Karte in der genannten Reihenfolge, so beginnen wir mit der nur teilweise abgebildeten Insel Fanö im Norden. Mit dem olivfarbenen Ton folgt die Insel Mandö, für die wir die drei Landmassen zwischen Fanö und Röm gewählt haben. Die Insel ist heute nur winzig, muß aber damals in ihrer Eigenschaft als Jagdrevier viel größer gewesen sein. Aus dem Bereich von Röm ist die St.-Clemens-Kirche eingetragen, die heute noch existiert. Einen gewissen Sonderfall stellt „Jordsand“ auf der Karte dar, das etwa östlich von List auf Sylt gelegen ist und das heute noch als Vogelschutzinsel genutzt wird. Es ist auf Mejers Karte dort

lokalisiert worden, wo lagerichtig „Jordum“ steht. Jordsand ist die einzige Insel, die auf Mejers Karte nicht durch einen Wasserlauf vom Festland abgetrennt wurde. Vermutlich handelt es sich hier um einen Kartenfehler.
Die vertrauten Orte auf der Insel Sylt erkennt man durch die Nennung von Hörnumhafen im Süden, ferner Rantum, Kampen und List (Lystum).
Amrum läßt sich durch die St.-Clemens-Kirche in Nebel identifizieren, Föhr zum Beispiel durch die Laurentiuskirche. Oland umfaßt als Inselmasse auch die heutige Hallig Nordmarsch-Langeneß. Die Einfärbung ist die gleiche wie diejenige des im Süden anschließenden Strandes, weil wir die Grenze zwischen beiden nicht genau kennen. Im Bereich des Strandes wurde das Gebiet von Rungholt bereits bei der Sturmflut von 1362 herausgebrochen.
Es folgen Eiderstedt (mit Tönning) und Everschop und schließlich Hever und Holm (mit St. Peter), die zur Verwaltungseinheit Utholm zusammengefaßt wurden, so daß die Halbinsel Eiderstedt bereits um 1187 als die „Dreilande“ bezeichnet wurde. Im Westen zeichnet Mejer ein großes Vorland, das man sich in Wahrheit als einen schmaleren Gürtel vorzustellen hat, ähnlich den heutigen Sandbänken vor der Westküste der Halbinsel Eiderstedt. Wir haben diese fabelhafte Landmasse mit der Farbe des Meeres versehen. Den Eckpunkt setzt Helgoland, das zu groß dargestellt ist, obgleich es damals sehr viel ausgedehnter war als heute.
Mit dieser klaren Abfolge trägt die Inselliste Waldemars nicht unwesentlich zur Kenntnis der nordfriesischen Inselwelt zur Zeit vor den großen spätmittelalterlichen Sturmfluten bei.

Die schwersten Sturmfluten an der deutschen Nordseeküste

Albert Panten

Eine schwere Sturmflut bedeutet für die betroffenen Menschen eine fast übermächtige seelische und körperliche Belastung. Es gilt, starke Ängste zu verarbeiten, die Furcht um das eigene Leben, um Familie und Besitz. Jeder Küstenbewohner zeigt ein anderes Verhalten, Kaltblütigkeit steht neben Panik, Vorsorge neben Sorglosigkeit. Vielschichtig wie die Empfindungen der Menschen sind auch die Berichte über schwere Fluten. Wenn hier über die stärksten Sturmfluten berichtet werden soll, muß der Leser sich vor Augen führen, daß erst seit etwa 1500 zuverlässige Berichte zur Verfügung stehen. In der Zeit davor, und manchmal auch danach, beruhen die Quellen oftmals nur auf Hörensagen. Flutdaten wurden durch Irrtümer bei der Angabe von Jahreszahlen verfälscht, Opferzahlen aufgebauscht und aus einer Epoche kritiklos in eine andere übertragen – und mancher ehrgeizige Verfasser des 16./17. Jahrhunderts war ein Meister im Erfinden von Sturmflutgeschichten. Örtliche Vorkommnisse wurden in andere Küstengegenden verpflanzt, manches lokale Ereignis geriet zur Riesenkatastrophe.

Die Veränderungen des Meeresspiegels seit dem Ende der letzten Eiszeit zwangen die Küstenbewohner zum Bau erhöhter Wohnplätze (Warften, Wurten, Wierden, Terpen). Die sie umgebenden Flächen konnten unbedeicht bleiben, solange man nur Viehwirtschaft betrieb. Sobald man jedoch Getreide anbauen wollte, mußten Deiche gebaut werden. Jeder Deich schränkt den Überflutungsraum ein, und so wurde es nötig, noch höhere Kronen zu erreichen, zumal man einen vermehrten Wohlstand zu verteidigen hatte. Seewärts der Deiche lagern sich im allgemeinen erneut tonige Sedimente ab. Diese liegen höher als die schon

Das unter Lebensgefahr aufgenommene Foto zeigt das Überschwappen der Wellen über die Deichkrone bei der Sturmflut von 1936 an der nordfriesischen Küste.

länger eingedeichten landwärtigen Areale (Koog, Polder, Groden). Da Wasser nur abwärts fließen kann, gestaltete sich die Entwässerung des Oberflächenwassers in die Nordsee im Laufe der Jahrhunderte immer schwieriger. Wenn also Wasser in einen Koog einbrach, stieg die Gefahr des Verlustes schon aus diesem Grund deutlich an. Erst die heutige technische Ausstattung hat hier Abhilfe geschaffen.

Sturmfluten gibt es vor allem in der Zeit zwischen Herbst und Frühjahr. Besonders gefährlich sind die Windrichtungen zwischen Südwest und Nord. Das Ausmaß einer Flut richtet sich nach der Dauer des Sturms und dem Verlauf der Gezeiten, die durch Mond- und Sonnenstand bestimmt werden. Durch Windeinwirkung kann der normale Flutstand des täglichen Hochwassers um fünf Meter und mehr erhöht werden. Wenn dann die Kronenhöhe der Deiche überschritten wird, kommt es zu Überflutungen des Binnenlandes. Bricht ein Deich, steht eine Katastrophe ins Haus. Die See reißt an der Durchbruchstelle landseitig ein viele Meter tiefes Loch (Wehle, Brake, Kuhle, Kolk), welches dann im Wechsel von Ebbe und Flut weiter ausgehöhlt wird. Gelingt es nicht, dieses Einfallstor zu schließen, besteht die Gefahr von Landverlusten. Es sind die auflaufenden Brandungswellen oder Brecher, die den Deich von außen zerschlagen oder durch Überlaufen von innen her zerstören können. Bei längerer Einwirkung wird der Deichkörper von Nässe durchweicht und instabil. Dann ist größte Gefahr im Verzuge.

Da der Deichbau etwa um 1000 n. Chr. einsetzte, haben sich seit dieser Zeit die Nachrichten über schwere Sturmfluten vermehrt. Von den schwersten soll jetzt die Rede sein.

Nach der Sturmflut vom 16./17. Februar 1962 konnte das Meerwasser ungehindert in den Uelvesbüller Koog im Norden Eiderstedts eindringen.

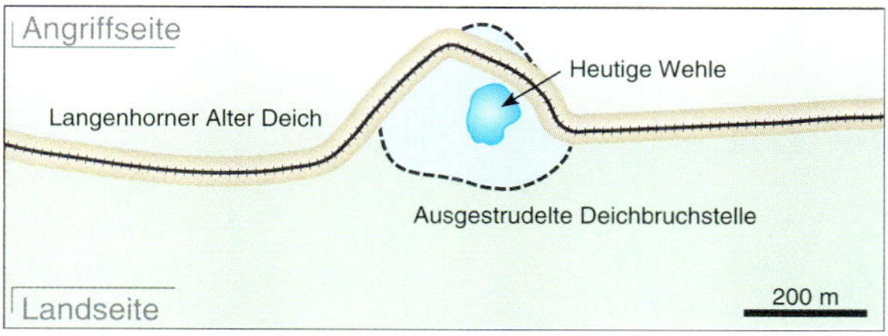

Eine alte Wehle im Langenhorner Deich in der Draufsicht. Als wassergefüllte Löcher markieren Wehlen noch nach Jahrzehnten den Ort eines Deichbruchs. Weil man zuviel Erde braucht, um sie zu durchdämmen, führt man den Deich meist als „Brakdeich“ halbrund um die Bruchstelle herum.

Nach dem Deichbau: vermehrte Berichte über Sturmfluten

Während für das Jahr 838 eine Flut in den Niederlanden zuverlässig bezeugt ist, die 2437 Häuser vernichtete, weil sie eine Dünenkette zerschlug, scheint eine Flut am 17. Februar 1164 die Regionen Ostfrieslands und Hadelns sowie das ganze Marschland an Elbe und Weser besonders deswegen getroffen zu haben, weil der Deichbau schon weitgehend erfolgt war. Viele tausend Menschen und unzählige Stück Vieh sollen ertrunken sein. Ein zeitgenössischer Berichterstatter schließt mit den Worten: „Wie viele Reiche und Vornehme saßen noch abends da und schwelgten im Überfluß, doch unversehens stürzte sie das Unglück mitten ins Meer." Hier scheint schon ein Motiv durch, das sich in den folgenden Jahrhunderten oftmals wiederholte: die Flut als Strafe für Wohlleben und Völlerei und für jede Art von Sünde. Dort, wo seit 1164 die Deiche wegen der Menschenverluste nicht mehr instand gesetzt worden waren, führten nachfolgende Fluten zu Landverlusten. Aber auch in den Gegenden, wo alles repariert war und in gutem Zustand zu sein schien, bildete die Flut von 1219 eine unerhörte Herausforderung. Ein Augenzeuge an der Ems schildert den Verlauf des Geschehens folgendermaßen: Es hatte im Januar schon einige Tage aus Südwest mit mäßiger Stärke geweht, doch am 16. Januar, dem Marcellustag, wuchs der Wind zum Sturm und drehte abends nach Nordwest. Es war Vollmond, also Springtide. Wenn Sonne, Mond und Erde in einer Linie stehen, erzeugen ihre gemeinsamen Kräfte maximale Flutberge! Man hatte an den Deichen gearbeitet und lag im Bett, als völlig unerwartet das Wasser immer höher stieg und die

Deiche überrollte. Die Häuser wurden ihrer Wände beraubt – damals wohl noch aus Grassoden oder Holz –, nur die Dachständer blieben zum Teil stehen, und alle versuchten, Rettung auf dem Dach zu finden. Auf Balken, Heu- und Strohhaufen sah man Menschen treiben, Tausende kamen ums Leben. Die Wiederherstellung der Deiche gestaltete sich schwierig, vielen erschienen die Anstrengungen übermenschlich, die Kosten zu hoch, und sie wanderten aus. Nur die Dörfer, die auf alten Wurten lagen, deren Höhe im Laufe der Zeit durch natürlichen oder künstlichen Auftrag gewachsen war, hatten mehr Glück als jene Neusiedlungen, die im Vertrauen auf die Deiche zu niedrig angelegt worden waren. Chroniken nennen als Anzahl der Opfer 3600, 30 600, 36 000, 39 600, manche sogar 100 000: hilfloser Ausdruck für die unglaublich großen Verluste.

Die der Sturmflut von 1219 folgenden erhöhten Wasserstände brachten wegen der Schwierigkeiten bei der Wiederherstellung der Deiche Landverluste. Seit dem Ende des 13. Jahrhunderts verschlechterte sich das Klima, so daß Mißernten auftraten. In der Folge litten die Einwohner an Hunger, und ihr Gesundheitszustand verschlechterte sich zunehmend. Welche Konsequenz dies für das Deichwesen hatte, kann sich jeder vorstellen: Für den Deichbau konnten die Bewohner nur wenig Energie aufbringen. Auf diese mißliche Lage traf nun seit 1348 die Europa durchziehende Beulenpest und verschärfte durch den enormen Bevölkerungsverlust die Krise entscheidend, denn wie hätte eine nur noch kleine Bevölkerung die langen Deichlinien im Ernstfall verteidigen oder instand halten können? Es bedurfte nur einer ungünstigen Wetterlage, und eine ganze Küstenregion sollte unsagbares Leid erfahren.

Die „Große Mandränke“ und ihre Folgen

Im Jahre 1362 traf die Überschwemmung besonders schwer die Küste Schleswig-Holsteins, nämlich Nordfriesland mit der reichen Insel Strand. Dort lag als kirchliches Zentrum in der bis nach Flandern handeltreibenden Edomsharde der Ort Rungholt, der etwa 1200 gegründet worden war. Am 15. Januar erhob sich ein Sturm, der am 16., dem Marcellustag, Orkanstärke erreichte, Deiche und Dämme zerriß und das dahinter liegende Land überflutete. Die Menschenverluste gestatteten keine Wiederbedeichung, darüber hinaus suchte ein Jahr später der dänische König die steuerverweigernden Nordfriesen heim und nahm mit sich, was an Silber im Lande war. So gingen 30 Kirchspiele zugrunde, darunter das sagenumwobende Rungholt. Andere Gebiete Nordfrieslands litten ebensosehr.
Weiter im Süden ging es glimpflicher ab. Während in Bremen und Rüstringen nur von einem starken Wind berichtet wird, der zum Beispiel im Rüstringer Landesviertel Bant zwei Pfarrhäuser und 30 andere Behausungen umwarf, soll in Ostfriesland die Westermarsch bei Norden überflutet worden sein. Diese Marcellusflut erhielt in Nordfriesland den Namen „Mandränke“. Spätere, unkritische Schriftsteller haben sie auf die gesamte Nordseeküste übertragen und ihr verschiedene Landverluste zugeschrieben. Die zeitgenössischen Aufzeichnungen über die Verluste, die die Mandränke verursachte, sind schon im 16. Jahrhundert verlorengegangen, doch hat man sie abgeschrieben und 1634 auch im Druck veröffentlicht. Die Quellen des 15. Jahrhunderts bestätigen aber sowohl das Datum der Katastrophe als auch die Namen der verlorenen Kirchspiele.

Noch bis 1398 kann man – unter anderem wegen innerer Fehden – den überfluteten Teil der Edomsharde und andere Küstenstriche nicht wiedergewinnen. Eine Flut von 1436 vergrößert dann das Unglück, und 1440 heißt es, daß durch Kriege und Überschwemmungen im Bistum Schleswig 60 Kirchen zerstört worden seien.
Es gelang jedoch im weiteren Verlauf des 15. Jahrhunderts, mehrere Kirchspiele wiederzubeleben. Darüber hinaus konnte mancher neue Koog eingedeicht werden, weil sich der dänische König in seiner Funktion als Herzog zu Schleswig für die Landgewinnung einsetzte. Die unverbrauchten Flächen versprachen ein gewaltiges Steueraufkommen für die stets leere Kasse, erbrachte doch das Land an der See wegen seiner Fruchtbarkeit das bis zu Sechzigfache der Aussaat, während das Binnenland der Geest kaum über das Dreifache hinauskam. Auch im ostfriesischen Grenzgebiet zu Groningen stand es am Ende des 14. Jahrhunderts nicht zum besten, und es bedurfte nur wenig, um die Situation zu verschlimmern. In den Jahren 1414/15 wurden in den niedrig gelegenen Gebieten an der Ems südlich von Emden in der Fehde zwischen ostfriesischen und groningischen Häuptlingen zwei Siele im Reiderland verbrannt und Deiche auf der Groninger Seite durchstochen. Dadurch lag das Hinterland schutzlos da und war den Fluten hilflos ausgeliefert. Der Bremer Chronist Johann Renner schreibt diesen Ereignissen die Entstehung der Dollartbucht zu. Manche Autoren sind der Meinung, daß der Dollart-Einbruch bereits 1362 erfolgte.
Die Flut von November 1412 richtete an der Weser große Verheerungen an; in Schleswig-Holstein gewahrte man nur einen starken Wind.

Umgekehrt verhielt es sich am 1. November 1436, als es im Süden keinen großen Schaden gab, während in Schleswig-Holstein an manchen Stellen große Menschenverluste zu beklagen waren.

Überschwemmungen des 16. und 17. Jahrhunderts

Nach mehreren Sturmfluten in den Vorjahren erreichte das Wettergeschehen am 26./27. September 1509 vor allem in Holland einen Höhepunkt. Der Dollart wurde stark betroffen, die Ems erhielt ein neues Bett und der Emdener Hafen versandete in der Zeit danach. Katastrophal wirkte die Sturmflut in Rüstringen. Die letzten Reste der schon früher geschädigten Kirchspiele fielen der Vernichtung anheim. Diese Flut am Tage der Heiligen Cosmas und Damian stellte den Jadebusen schon fast in seiner heutigen Gestalt her, 1511 wurde er noch weiter vergrößert. Ein Augenzeuge berichtet darüber: „Auf St.-Antonius-Nacht (16./17. Januar) lief mit gewaltigem Sturmwind eine sehr hohe Flut auf, so daß das Eis seine Macht vollbringen konnte. Sie nahm die Deiche in Rüstringen wieder weg, und es ist so hohes Wasser gewesen, daß die Häuser vom Eise umgeworfen wurden. Die Leute auf dem Dach blieben sitzen, und so haben sich einige gerettet, viele aber trieben weg und ertranken. Ebenso erging es dem Vieh. Rüstringen ist von Gott vernichtet, so daß der größte Teil auswandern mußte, nach Butjadingen oder wo einer sonst sein Brot finden mochte." In Nordfriesland hingegen war nur ein starker Wind fühlbar.
Unter der Allerheiligenflut des Jahres 1532 litt insbesondere Nordfriesland. Auf Nordstrand rissen 18 Wehlen ein, 1600 Menschen ertranken.

Die Flut ging drei Fuß hoch über ganz Eiderstedt, wo an die 1000 Bewohner ums Leben kamen. In der dänischen Stadt Ripen stand das Wasser in der Kirche, in Tondern drei Ellen hoch an der Kirchenmauer. Als abends das Wasser am höchsten stand, hatte der Wind sich gelegt, so daß man mit brennendem Kerzenlicht unter freiem Himmel gehen konnte. Man erzählt sich, daß ein Ort auf Nordstrand als Strafe dafür unterging, daß ein reicher Bauer eine Sau trunken machen ließ, sie ins Bett legte und den Priester rief, damit dieser einem Kranken das Abendmahl reichte. Ob dieses Frevels sei die Flut über die Bewohner hergefallen und habe alle vernichtet. Spätere Chronisten haben dieses Ereignis, von dem ein Zeitgenosse berichtete, auf die Flut von 1362 vorverlegt und dem Untergang Rungholts zugeordnet.
Die Allerheiligenflut von 1570 gehört den Chronisten zufolge zu den größten Sturmflutkatastrophen an der Nordseeküste. Von Flandern bis Nordfriesland herrschten Tod und Vernichtung. Nach überlieferten Berichten sind nach Abzug etlicher Übertreibungen an die 30 000 Menschen umgekommen. Das Unwetter begann drei Tage nach Neumond, der Sturm drehte von West nach Nordwest, die Deiche wurden überströmt. Schiffe segelten über die Marsch hinweg, Türmen und Kirchen ausweichend. Von Butjadingen wird berichtet, daß das ganze Land einem See glich. Die Bewohner flüchteten auf die Böden und Dächer. Manche erstarrten vor Kälte, da sie keine Zeit gefunden hatten, wärmere Kleidung anzuziehen. Andere, die aus Umsicht Feuer mit auf den Boden genommen hatten, steckten aus Versehen ihr Dach in Brand.
Von späteren Fluten sei hervorgehoben, daß die im Jahre 1593 vor allem Nordfriesland, die von

1595 besonders die südliche Küste traf. Auch 1615 wurde Nordfriesland von einer Sturmflut heimgesucht, bei der das Wasser noch um 2 1/2 Ellen (1 Elle = 2 Fuß = ca. 57 Zentimeter) höher anstieg als 1532. Auf Grund dieser Fluten verbesserte man mit großem Aufwand die Deiche, wie man meinte. Ein Deichgraf in Nordfriesland steckte den Spaten in den neuen Deich und rief seewärts gewandt: „Nun trotze uns, blanker Hans!" Das Meer war jedoch an diesem Tag glatt und spiegelblank, keine Welle kräuselte die Oberfläche. Dieser zum Hohn vorgebrachte Ausruf sollte sich bald in einen Entsetzensschrei verwandeln. Am 11. Oktober 1634 entstand nachmittags um drei Uhr bei Neumond ein furchtbarer Südweststurm, der bei Eintritt der Flut um sechs Uhr noch heftiger wurde. Um sieben Uhr drehte der Wind nach Nordwest und tobte so stark, daß kein Mensch mehr stehen oder gehen konnte. Gegen acht und neun Uhr ging das Wasser an vielen Orten bereits über die höchsten Deiche, und um zehn Uhr war das ungeheure Unglück schon geschehen. Das Wasser wogte 12 bis 20 Fuß hoch über die ganze Marsch. Von Ripen bis Dithmarschen waren 11 000 Menschen und 70 000 Stück Vieh umgekommen und etwa 3000 Häuser vernichtet. Die Insel Alt-Nordstrand verlor 6400 Menschen, konnte in der Folgezeit nicht wiederbedeicht werden, und so blieben nur die Bruchstücke Pellworm und Nordstrand nebst einigen Halligen übrig. Diese Flut wird auch die „zweite Mandränke" genannt. Von den Überlebenden wanderten viele aus, sei es in die Nähe, sei es in die Ferne bis nach Neu-Amsterdam (heute New York). Es blieben nur etliche Häuser stehen, die auf hohen Warften errichtet waren. Ihre Bewohner hatten sich auf die Böden gerettet. Diejenigen, die am Leben blieben, mußten mehrere Tage Hunger und Durst leiden, bis Rettung nahte. Nackt und bloß waren sie davongekommen und in Armut und Elend gestürzt. Mit obrigkeitlicher Hilfe konnten sie nicht rechnen. Nur durch die Hilfe niederländischer Investoren konnten Pellworm und Nordstrand in den nächsten Jahren gerettet und wiederbedeicht werden. Viele Husumer Bürger hatten auf Alt-Nordstrand angelegte Gelder verloren, und so wurde der Niedergang der Stadt Husum nach der Ausplünderung im Dreißigjährigen Krieg noch beschleunigt. Diese Flut nahmen mehrere Nordfriesen zum Anlaß, die Geschichte des Landes aufzuschreiben, um die Erinnerung an das Verlorene wachzuhalten.

Überschwemmungen mit katastrophalen Folgen: die Fluten 1717 und 1825

Auch nach 1634 sind mehrere größere Schadensfluten zu erwähnen. Alle diese Katastrophen wie auch die früheren Fluten stellte die Sturmflut von Weihnachten 1717 in den Schatten. Der Mond stand erst im letzten Viertel, niemand erwartete eine besonders hohe Flut, doch in der Nacht vom 24. auf den 25. Dezember wurde der Sturm zwischen ein und zwei Uhr unvermutet zum Orkan. Er wütete besonders stark in dem Gebiet von Groningen bis zur Weser, aber auch an den Küsten bis nach Tondern verursachte er große Schäden. Von hier bis zur Zuidersee waren über 11 000 Tote zu beklagen, 5000 Häuser waren weggespült, über 3000 beschädigt. Drei Tage tobte der Sturm. Tausende der Geretteten litten noch Wochen und Monate später an den Folgen der ausgestandenen Strapazen, viele starben. Die Deiche waren an vielen Stellen bis auf den Boden

ausgeschlichtet worden. Ihre Wiederherstellung wurde durch die folgenden Fluten erheblich beeinträchtigt.
Erschreckend war der Anblick des Landes nach Abzug des Wassers. Überall waren die Felder mit Leichen bedeckt. Hier fand man Mütter mit ihren Kindern im Arm, dort Eheleute aneinandergebunden. Vor Kälte erstarrte Menschen hingen in Bäumen, andere lagen in verschlammten Gräben. Trümmer von Häusern, Stroh, Heu, Getreide, Torf, Hausrat aller Art lagen in den etwas höheren Bezirken. Die größte Not der Überlebenden bestand im Mangel an Trinkwasser, denn alle Brunnen waren versalzen.
Als in Ostfriesland die Schließung eines Durchbruchs nicht gelang, äußerten viele, die Arbeit würde erst gelingen, wenn man ein Kind in das Loch geworfen habe, solches darin lebendig begraben und den Deich darüber geführt habe. Schon hatte man den Plan gefaßt, ein Armenkind für diesen Zweck zu kaufen, als die Obrigkeit eingriff und Schlimmeres verhinderte. Im übrigen war die Landesherrschaft überall bemüht, die Schäden zu beheben und Abhilfe zu schaffen, allein in Ostfriesland geschah dies langsamer. Hinzu kamen mehrere Sturmfluten in den folgenden Jahren, die die Verhältnisse weiter verschlimmerten. Die zahlreichen Überschwemmungen des 18. Jahrhunderts lassen es verwunderlich erscheinen, daß überhaupt noch eine nennenswerte Bevölkerung an der Küste blieb.
Die Fluten am Ende des 18. Jahrhunderts hatten zur Bildung staatlicher Deichverbände geführt, die die genossenschaftlichen Einrichtungen ersetzten und den Schutz der Küsten energisch vorantrieben. Dennoch sollte die Sturmflut vom 3. auf den 4. Februar 1825 alle ihre Vorgänger übertreffen.

Am Jadebusen stieg das Wasser auf 5,26 Meter über dem Meeresspiegel, 1717 waren es nur 4,89 Meter gewesen. In Nordfriesland zeigt eine Flutmarkenreihe für 1532 4,16 Meter, für 1634 4,30 Meter und für 1825 4,43 Meter über dem Meeresspiegel. Die Gewalt des eindringenden Wassers veranschaulicht eine Wehle westlich von Emden, wo sich infolge des Deichbruchs eine Auskolkung von 132 Meter Breite und 30 Meter Tiefe gebildet hatte. Die rasende Strömung verteilte Sand und Torfmassen tief ins Land hinein. An der ganzen Nordseeküste waren „nur" ca. 800 Menschen umgekommen. An Vieh ertranken 45 000 Stück, 2400 Gebäude wurden völlig zerstört, 9000 beschädigt, ganze Siedlungen mußten aufgegeben werden. Die staatlichen Stellen mühten sich auf jede erdenkliche Weise, die Deiche wiederherzustellen und das größte Elend zu lindern.

Die Jahrhundertflut 1962

Seit 1825 waren die Deiche verstärkt und erhöht worden, hatte man die Berechnung des Windstaus und der Gezeiten verbessert. Wenn auch einige Stürme in der Folgezeit Wasserstände wie im Jahr 1825 bewirkten, blieben doch katastrophale Folgen aus. Sie wiesen aber auf die ständige Gefahr hin. Im 20. Jahrhundert ließen die beiden Weltkriege mit ihren Folgen das Problem in den Hintergrund treten. In der Nacht vom 31. Januar auf den 1. Februar 1953 traf ein Sturmtief die niederländische Küste vor allem im Mündungsgebiet von Rhein, Maas und Schelde mit tödlicher Wucht. An 67 Stellen brach der Deich, 150 000 Hektar Land wurden überflutet. Fast 2000 Menschen kamen um, etwa 50 000 Stück Vieh gingen

am Sperrwerk
Husum
16.02.1962 - NN+
24.11.1981 - NN+
03.02.1825 - NN

verloren. Der Sachschaden betrug schätzungsweise 50 Milliarden Gulden. Die deutsche Nordseeküste kam mit dem Schrecken davon, jedoch verstand man die Warnung. Allenthalben wurden Deiche verstärkt, die Flanken weiter abgeflacht, Deichstrecken verkürzt, und die Halligen erhielten Fluchträume.
Doch all den zum Teil halbherzigen Maßnahmen zeigte die Nordsee die Zähne, als am 16./17. Februar 1962 eine sehr schwere Sturmflut hereinbrach. Dabei erlitt das vernachlässigte Hamburger Stadtgebiet den größten Schaden, da das Wasser durch die herrschende Windrichtung in die Elbe wie in einen Trichter gedrückt wurde. Dort allein gab es 60 Deichbrüche, 61 in Niedersachsen und sieben in Schleswig-Holstein. Von den insgesamt 340 Toten waren allein 315 in Hamburg zu beklagen. Von der Ems bis nach List auf Sylt wurden Deiche auf einer Strecke von 400 Kilometern schwer beschädigt, an vielen Stellen drohte der Durchbruch. Etwa 1300 Wohnungen wurden zerstört, 27 000 beschädigt. Rund 400 Quadratkilometer Land standen unter Wasser, besonders an Elbe und Weser. Der gesamte materielle Schaden wurde auf fünf Milliarden Mark geschätzt.

Die jüngsten Sturmfluten

Aufgrund der Februarflut von 1962, aber auch infolge einer ungewöhnlichen Serie von Stürmen in der Zeit vom 6. November bis 17. Dezember 1973 unternahm man vermehrte Anstrengungen zur Sicherung der Küste. Das war gut so, denn am 3. Januar 1976 ereignete sich eine weitere Jahrhundertflut. Unglücklicherweise addierten sich die Wirkungen eines starken Sturmes mit einer Springtidensituation. Am stärksten tobten die Ele-

Gegenüberliegende Seite: Im Hafen von Husum zeigt ein Pfahl die Pegelstände der größten Sturmfluten seit 1362 an. Am höchsten lief die Flut von 1976 auf.

Folgende Doppelseite: Schwere Ausschläge, wie hier an der Außenböschung des Deichs vor Husum, werden so schnell wie möglich mit Sandsäcken notdürftig „plombiert“. Die Säcke werden von Helfer zu Helfer gereicht, bis sie an Ort und Stelle sind.

mente an der jütischen Küste Dänemarks bis hinunter an die Elbe. Es wurden an zahlreichen Pegeln die höchsten jemals gemessenen Wasserstände registriert. In Cuxhaven stieg das Wasser 16 Zentimeter, in Büsum sogar 20 Zentimeter höher als 1962. Noch gravierender waren die Anstiege in Hamburg. Sie lagen bis zu einem dreiviertel Meter höher als bei der Zweiundsechzigerflut. In Dithmarschen brach der Deich des Christiankoogs. Menschen kamen jedoch nicht zu Schaden. Im ostfriesischen Bereich wirkte sich die Flut nicht so stark aus. Dank der neuen Sicherungsmaßnahmen konnten die orkanartigen Stürme von 1976, 1981 und 1993/94 keine katastrophalen Schäden mehr anrichten. Im Laufe der Jahre ist die Höhe der Deiche von etwa 1,60 Meter über dem Meeresspiegel (um 1000 n. Chr.) auf über sieben Meter angewachsen, die Deichbasis von drei bis fünf Meter auf gut 100 Meter verlängert worden. Bauwerke solcher Größenordnung können nicht mehr von den Küstenregionen allein finanziert werden und wären ohne beträchtliche Mittel seitens des Landes und des Bundes undenkbar. Jedes Nachlassen dieser Bemühungen könnte eines ungeahnten Tages zu einer neuen Katastrophe führen.

17. 2. 1164	**Julianenflut** *Betraf vor allem Ostfriesland und den Weser-Elbe-Bereich, erste Einbrüche des Jadebusens.*
16. 1. 1219	**1. Marcellusflut** *Schwere Schäden vor allem in Nordfriesland.*
16. 1. 1362	**2. Marcellusflut** („**Große Mandränke**“) *Einbruch des Dollart im Mündungsbereich der Ems, Untergang Rungholts, sehr große Zahl an Todesopfern.*
1. 11. 1436	**Allerheiligenflut** *Schäden an der gesamten deutschen Nordseeküste.*
26. 9. 1509	**Cosmas- und Damianflut** *Cosmas und Damian waren Märtyrer, deren Fest auf den 26. September datiert ist (u. a. Julianenflut, Marcellusflut)*
2. 11. 1532	**Allerheiligenflut** *Nordfriesland besonders betroffen.*
1. 11. 1570	**Allerheiligenflut** *Von Flandern bis Nordfriesland große Verluste an Menschenleben.*
11. 10. 1634	**Burchardi-Flut, Oktoberflut** („**zweite Große Mandränke**“) *Schwere Landverluste in Nordfriesland; Pellworm und Nordstrand wurden getrennt.*
24. 12. 1717	**Weihnachtsflut** *Schwere Zerstörungen an der gesamten deutschen Nordseeküste, Eiderstedt fast völlig überschwemmt.*
3./4. 2. 1825	**Februarflut** *Wirkte sich an der gesamten deutschen Nordseeküste aus. Höhere Wasserstände als je zuvor.*
1. 2. 1953	**Hollandflut** *Benannt nach dem am schwersten betroffenen Gebiet, in Ostfriesland nur mäßige Schäden.*
16./17. 2. ’62	**Februarflut 1962** *Sehr schwere Flut an der gesamten deutschen Nordseeküste mit zahlreichen Todesopfern.*
3. 1. 1976	**1. Januarflut** *Teilweise höchste gemessene Wasserstände überhaupt.*
21. 1. 1976	**2. Januarflut** *Weniger dramatisch als die erste Januarflut.*
24. 11. 1981	**Novemberflut** *Nordfriesland und Jütland besonders stark betroffen.*

Wie der Mensch die Küste eroberte

Karl-Ernst Behre

Wo im südlichen Teil der Nordsee heute weite Wasserflächen sind, war früher lange Zeit Festland. Dieses reichte bis nördlich der Doggerbank, das heißt etwa bis in die Höhe des nördlichen Dänemarks. Auch die Britischen Inseln gehörten zum europäischen Kontinent. Den Grund für die damals viel trockeneren Verhältnisse lieferte die Eiszeit. Riesige Wassermengen waren weltweit in den Gletschern gebunden, so daß während des Höhepunktes der letzten Eiszeit vor etwa 18 000 Jahren der Spiegel der Weltmeere um mehr als 110 Meter abgesunken war. Mit dem Schmelzen der Gletscher stieg der Meeresspiegel rasch an, aber es dauerte noch lange, bis die Südhälfte der Nordsee mit Höhenlagen zwischen 30 und 50 Metern unter NN von der See erreicht wurde. Zu jener Zeit, archäologisch ausgedrückt: bis in die Mittelsteinzeit, gab es dort auch Menschen, die als Jäger, Fischer und Sammler im Gebiet zwischen Dänemark und England lebten. Gelegentliche Funde steinzeitlicher Geräte, die beim Grundnetzfischen mit aufgetaucht sind, belegen das. Wir kennen auch das Aussehen der Landschaft dieser Zeit, denn durch wissenschaftliche Untersuchungen wurden an zahlreichen Stellen am Nordseeboden Torfe entdeckt, aus deren Pflanzenresten die damalige Vegetation erschlossen werden kann. Daraus geht hervor, daß dort noch lange in die Nacheiszeit hinein ausgedehnte Wälder bestanden, unterbrochen von Mooren mit reiner Süßwasservegetation.

Die Küstenlandschaft wird geformt

Der Anstieg des Meeresspiegels führte zunächst zu ausgedehnten Versumpfungen, dann wurde das Gebiet der heutigen südlichen Nordsee nach und nach überflutet, und England wurde vom Festland abgetrennt. Dabei wurde viel Sediment transportiert, von dem ein Großteil an der Küste abgelagert wurde und die Inseln und Marschen aufbaute. Die dort vorhandenen Siedlungen und Gräber wurden mit Ton und Sand überdeckt. So konnten vor einigen Jahren holländische Archäologen nicht weit von Delfzijl am Dollart zwei jungsteinzeitliche Großsteingräber freilegen, die drei Meter unter der heutigen Marschoberfläche auf dem Sandboden errichtet waren und zufällig bei einem Fabrikbau entdeckt wurden. In Schleswig-Holstein stehen südwestlich von Archsum auf Sylt ähnliche Großsteingräber unmittelbar am Wasser oder schon im Watt und werden bei Hochwasser regelmäßig umspült.

Durch zahlreiche Bohrungen kennen wir den Aufbau der Marschenschichten, deren Ablagerungen häufig über zehn Meter mächtig sind. Diese Marschprofile reflektieren die Meeresspiegelbewegungen und damit auch die Küstenveränderungen der vergangenen Jahrtausende. Als Ergebnis zeigt sich, daß der Meeresspiegelanstieg in diesem jüngeren Zeitabschnitt immer langsamer und unregelmäßiger vor sich ging. Mehrere starke Überflutungsperioden brachten viel Sand und Ton, doch dazwischen lagen Phasen der Beruhigung, und zeitweise sank der Meeresspiegel auch vorübergehend. In diesen Phasen eines Meeresrückzuges süßten die gerade aufgeschütteten Watten wieder aus, und es kam zu Vermoorungen, deren Torfe sich wieder seewärts vorschoben. In diesen Zeiten waren die Marschen begehbar und teilweise auch bewohnbar.

Wichtig für die Besiedlung ist das Relief. Dabei handelt es sich um kleine Höhenunterschiede, die es in der Marsch durchaus gibt, auch wenn diese

auf den ersten Blick tischeben erscheint. So wird jeder Lauf eines fließenden Gewässers von einem mehr oder weniger breiten Uferwall begleitet. Dieser kommt dadurch zustande, daß im unbedeichten Gelände bei Sturmfluten das Wasser über die Ufer tritt und auf den Überflutungsflächen viel langsamer fließt als in den Fluß- und Prielrinnen. Damit verringert sich auch die Transportkraft, und die mitgeführten Partikel – vom groben Sand bis zum feinsten Ton – setzen sich in Ufernähe ab. Auf diese Weise werden Uferwälle aufgebaut, die bei Prielen einige Dutzend Meter, an großen Flüssen wie Elbe, Weser und Ems jedoch ein bis drei Kilometer breit sind. Sie liegen wenige Dezimeter bis über einen Meter höher als das rückseitige Land. In gleicher Weise bildet auch der unmittelbare Küstensaum einen breiten Uferrücken. Bei den genannten großen Flüssen werden die erhöhten Uferwälle als Hochland und das dahinterliegende Gebiet als Sietland bezeichnet. Das letztere litt jahrtausendelang unter mangelnder Sedimentzufuhr; es war daher stets naß, so daß sich dort große Moore ausbilden konnten.
Besondere Verhältnisse liegen in Schleswig-Holstein vor, wo zusätzlich noch langgestreckte sandige Strandwälle auftreten, die sogenannten Nehrungen. Diese hängen sich an nach Westen vorspringende Geestgebiete an und wurden aus deren Erosionsmaterial von den küstenparallelen Strömungen aufgebaut. Später lagerte sich vor ihnen fast überall Marsch ab, so daß sie heute im Binnenland liegen.
Im Kleinen wie im Großen bildet dieses Relief die Grundstruktur der Marsch. Unter den heute nicht mehr vorhandenen natürlichen Bedingungen kennzeichneten die unterschiedlichen Vegetationsverhältnisse sehr deutlich die verschiedenen

Höhenlagen. Für die Besiedlung boten sich die relativ trockenen Nehrungen und Uferwälle an, während das Sietland naß und besonders im Winter unzugänglich war. Diese Sietländer konnten erst lange nach der Bedeichung besiedelt werden, nachdem seit dem späten Mittelalter und vor allem in der Neuzeit die notwendigen Entwässerungsmaßnahmen durchgeführt worden waren. Dabei mußte man – zunächst mit Windmühlen, später mit elektrischen Schöpfwerken – das Wasser anheben, um es über das Hochland hinweg in die Flüsse zu leiten.

Frühe Siedler in der Marsch

In der Jungsteinzeit und der Bronzezeit drangen die ersten Menschen von der sicheren sandigen Geest in die Marsch vor, um deren Bodenfruchtbarkeit zu nutzen. Nicht nur auf dem Festland, sondern auch auf den alten Nordseeinseln, die einen Geestkern besitzen, wie Sylt, Amrum und Föhr, bezeugen zahlreiche Grabhügel die damalige Besiedlung. Bis in die späte Bronzezeit kennen wir in Deutschland allerdings noch keine Siedlungen in der Marsch. Einzelne Funde von Steingeräten, wie Dolche und Äxte, zeigen jedoch, daß die Marsch und wohl auch das Watt damals begangen wurden. In den westlichen Niederlanden existierte hingegen schon in der Jungsteinzeit eine Bevölkerungsgruppe, die sogenannte Vlaardingen-Kultur, die ihre Siedlungen von den Strandwällen aus in die benachbarte Marsch vorschob.
Die ältesten deutschen Marschsiedlungen stammen aus der späten bis ausgehenden Bronzezeit (ab dem 9. Jahrhundert v. Chr.). Bislang wurden erst zwei Siedlungen aus dieser Zeit entdeckt. Beide liegen im Flußmarschgebiet: Jemgum auf

dem westlichen Uferwall der Ems und Rodenkirchen auf dem westlichen Uferwall der Weser. Sie reichen bis in die ältere vorrömische Eisenzeit, und aus dieser Periode sind im Unteremsgebiet mehrere weitere Siedlungen bekannt und eingehend untersucht worden. Der Uferwall der Ems war damals ebenso wie der der Weser und Elbe von einem dichten Auenwald bewachsen, der in seinen höher gelegenen Teilen aus Harthölzern wie Eiche, Ulme und Esche bestand. In diese Hartholzaue drangen in der späten Bronze- und frühen Eisenzeit die ersten Siedler vor. Sie rodeten den Wald, dessen Stubben (Baumstümpfe) bei den Ausgrabungen entdeckt wurden, und legten Siedlungen und Wirtschaftsflächen an. Viehhaltung und Ackerbau waren die wirtschaftliche Existenzgrundlage dieser frühen Bauern. Sie lebten in einem Süßwasser-Gezeitengebiet und waren offenbar vor Überflutungen einigermaßen sicher, zumal diese Siedlungsperiode in eine längere Ruhephase des Meeres fiel.
Dies änderte sich um etwa 300 v. Chr., als eine neue Überflutungsphase einsetzte. Die Marschsiedlungen wurden dabei zerstört und von Sedimenten zugedeckt. Diese Überdeckungen sind auch der Grund dafür, daß erst so wenige ältere Marschsiedlungen bekannt geworden sind, denn deren Entdeckung ist vom Zufall abhängig. So öffnen die Gewinnung von Ziegelton oder die Anlage von Entwässerungskanälen manchmal Fenster in diese Zeit.

Die erste Marschkolonisation

Die Überflutungsphase der jüngeren vorrömischen Eisenzeit hielt nur etwa 200 Jahre an, dann folgte ein Zeitabschnitt, in dem der Meeresspiegel deut-

Oben: Grabungsschnitt durch die urgeschichtliche Wurt (Warft) Feddersen Wierde nördlich von Bremerhaven

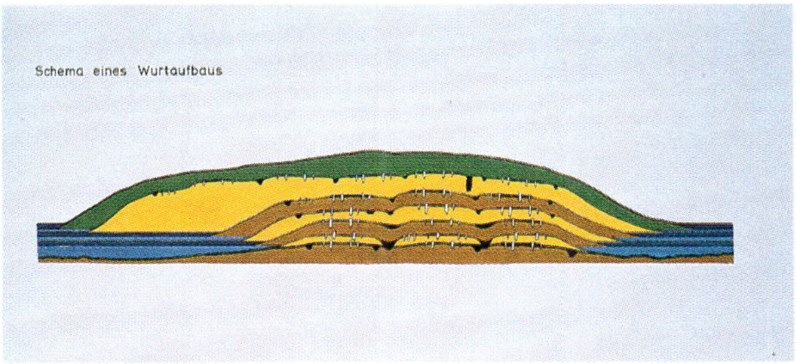

Rechts: Schematischer Schnitt durch eine Wurt. Eingezeichnet sind sechs Siedlungsphasen, jeweils mit Querschnitten durch die erhalten gebliebenen Hausgrundrisse. Die einzelnen Siedlungshorizonte sind durch aufgetragenen Klei (=Ton) und Mist voneinander getrennt. Blau sind die während der Besiedlungszeit abgelagerten Meeressedimente.

lich sank und sich die Küstenlinie wieder erheblich nach Norden verschob. Die Watten begrünten sich, große Teile der Salzwiesen süßten aus, und es gab zeitweise keine Gefahr von Sturmflutüberschwemmungen. Diese günstigen Verhältnisse setzten im letzten Jahrhundert vor Christus ein und boten gute Voraussetzungen für eine großflächige Marschbesiedlung. Ohne besonderen Schutz konnten die Häuser ungefährdet zu ebener Erde errichtet werden; man spricht daher von Flachsiedlungen. Dabei nutzten die Siedler das in der Marsch vorhandene Relief aus, das heißt sie siedelten vor allem auf den Uferwällen an Flüssen und Prielen sowie entlang der Küste. Die Anordnung dieser Siedlungen zeichnet somit die damalige Küstenlinie nach.
In kurzer Zeit wurde das große Gebiet der damaligen Marschen kolonisiert, und es wurden zahlreiche dieser Flachsiedlungen angelegt. Dabei bestehen allerdings gewisse regionale Unterschiede, denn während diese intensive Landnahme in Niedersachsen bereits im letzten vorchristlichen Jahrhundert erfolgte, fand die entsprechende Kolonisation in Schleswig-Holstein erst im ersten nachchristlichen Jahrhundert statt, obwohl die landschaftlichen Voraussetzungen auch dort schon vorher gegeben waren.
Diese günstigen Bedingungen hielten allerdings nicht lange an. Schon im Verlauf des ersten nachchristlichen Jahrhunderts stieg nicht nur der mittlere Meeresspiegel wieder an, auch die Sturmfluten verstärkten sich. Dadurch wurden die gerade angelegten Flachsiedlungen bedroht, die Bewohner mußten wieder fortziehen oder sich zur Wehr setzen. Ein Teil der Siedlungen wurde jetzt verlassen, aber die meisten schützten sich, indem sie ihre Wohnplätze erhöhten. Sie legten Wohnhügel

– Wurten oder Warften genannt – an, die noch heute die Siedlungsstruktur vieler Marschgebiete bestimmen.
Zunächst wurde jeder Wohnplatz für sich erhöht, indem man Klei, wie man in der Marsch den Ton nennt, aber auch den bei der Viehhaltung reichlich anfallenden Mist als Auftragsmaterial benutzte. Der weiter steigende Sturmflutspiegel machte aber bald erneute Erhöhungen erforderlich, wobei die Einzelwurten bald zu einer geschlossenen Dorfwurt zusammenwuchsen. Diese Dorfwurten der römischen Kaiserzeit des 1. bis 4. nachchristlichen Jahrhunderts (dieser Zeitbegriff wird auch im germanischen Raum benutzt) wurden dann im ganzen weiter erhöht und erreichten auf diese Weise ein Niveau bis zu fünf Meter über dem mittleren Meeresspiegel. Bei den winterlichen Sturmfluten ragten sie als Inseln aus dem Salzwasser und boten ihren Bewohnern ausreichend Schutz, in gleicher Weise wie heute noch die Halligen in Nordfriesland.
Derartige urgeschichtliche Wurten gibt es in großer Zahl in den Marschgebieten. Einige von ihnen wurden durch Ausgrabungen genauer untersucht, als Beispiel sei hier Tofting an der Eider genannt, vor allem aber die Feddersen Wierde in der Marsch des Landes Wursten zwischen Bremerhaven und Cuxhaven. Diese Wurt wurde 1955 bis 1963 vom Niedersächsischen Institut für historische Küstenforschung vollständig ausgegraben, das heißt, es wurden auf einer Fläche von etwa vier Hektar die gesamten übereinanderliegenden Dörfer freigelegt. An der Basis der Wurt konnten mehrere Flachsiedlungsphasen nachgewiesen werden, darüber lagen sieben Wurtendörfer, jeweils durch Kleiaufträge voneinander getrennt. In den Medien wurde diese Ausgrabung damals als „Tro-

Hausgrundriß des 1. Jahrtausends n. Chr. aus der Wurt Feddersen Wierde. Im Vordergrund befinden sich der Eingang und der Stallteil, im Hintergrund der Wohnteil mit der Herdstelle. Pfosten und Flechtwände sind noch in Holz erhalten.

Ausschnitt aus einem rekonstruierten Dorfmodell der Wurt Feddersen Wierde (3. Jahrhundert n. Chr.)

ja des Nordens" bezeichnet. Für die Urgeschichtsforschung hat sie tatsächlich diesen Stellenwert. Das ist vor allem auf die hervorragende Erhaltung aller organischen Reste in diesen Wurten zurückzuführen, wodurch sie einmalige Archive darstellen. Textilien, Leder, Pflanzenreste aller Art, vor allem Holz in großen Mengen, sind in dem feuchten Milieu dieser Marschsiedlungen in einer Weise konserviert wie nirgendwo sonst. Bei den Ausgrabungen konnten deshalb die in Holz erhaltenen Grundrisse der Häuser freigelegt und auf diese Weise die gesamte Struktur der Dörfer und deren Veränderungen nachgewiesen werden. Es stellte sich heraus, daß es sich dabei um eine Siedlung handelte, bei der die Häuser radial um einen freien Platz im Zentrum angeordnet waren, wobei jeweils die Wohnteile nach innen und die Stallteile nach außen zeigten.

Bis in die Völkerwanderungszeit des 4./5. Jahrhunderts n. Chr. waren diese Wurten bewohnt, dann verließen die Menschen sie. Eine Zeitlang nahm man an, daß eine besonders hohe Sturmflut zum Ende dieser Siedlungsperiode geführt habe. Doch parallele Ausgrabungen von Siedlungen auf den benachbarten Geestgebieten in ungefährdeter Höhe ergaben, daß auch diese um 500 n. Chr. verlassen wurden. Als Ursache kommt demnach nur die Völkerwanderung in Frage, in deren Verlauf die Sachsen aus diesem Gebiet nach England ausgewandert sind. Danach waren die Marschen für lange Zeit unbesiedelt.

Leben und Wirtschaften auf den Wurten

Von keinen anderen urgeschichtlichen Siedlungen wissen wir so viel über Lebensverhältnisse, Wirtschaft und Umwelt wie über die Marschsiedlun-

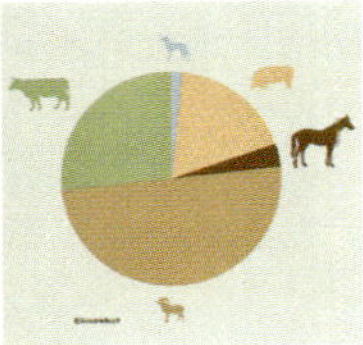

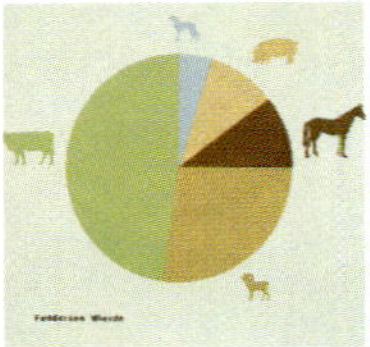

Knochenfunde ermöglichen Rückschlüsse auf die Zusammensetzung des Haustierbestands zweier Wurten. Rind, Schaf und Ziege machten drei Viertel der Haustiere aus. Dabei überwog in der Feddersen Wierde (unten) das Rind, in der stärker exponierten Wurt Elisenhof (Eiderstedt, oben) das Schaf zusammen mit der Ziege, die anhand ihrer Knochen nicht zu unterscheiden sind.

gen. Dies ist auf die hervorragende Quellenlage durch die vorzüglichen Erhaltungsbedingungen zurückzuführen, aber auch darauf, daß diese im Boden liegenden Zeugnisse durch intensive interdisziplinäre Forschungen ausgeschöpft wurden. Zu einem erheblichen Teil bestehen die urgeschichtlichen Wurten aus Mist – das ist eine Sammelbezeichnung für pflanzliche Reste vielerlei Art, zum Beispiel fossiles Heu, Streumaterial, Dachbedeckung, Futterreste und natürlich auch Verdauungsprodukte. Die eingehende Analyse des botanischen Materials ergab, daß die Wurten in den Seemarschen in aller Regel von Salzwiesen umgeben waren. Bäume konnten dort nicht gedeihen, so daß alles benötigte Holz von der Geest oder aus den Auenwäldern entlang den Flüssen herangebracht werden mußte. Dort war damals noch ausreichend Holz vorhanden, sonst hätte man die zahlreichen Holzreste in den Wurten beim Erhöhen nicht einfach an Ort und Stelle belassen, sondern in weit stärkerem Maße wieder genutzt.
Die Häuser der Wurten waren in der Regel dreischiffige Wohnstallhäuser, das heißt Mensch und Vieh lebten unter einem Dach; zu jedem Wohnstallhaus gehörte daneben ein Speicher zur Lagerung der Erntevorräte. Schon die Hausgrundrisse mit bis zu 16 Viehboxen und somit einer Kapazität für 32 Großvieheinheiten zeigten, daß die Viehhaltung die wirtschaftliche Basis dieser Siedlungen bildete. Die durch die Ablagerungen während der winterlichen Sturmfluten regelmäßig natürlich gedüngten Salzwiesen boten dafür die Nahrungsgrundlage. Sie waren auch der Grund, warum die Siedler in die gefährliche Marsch zogen und dort auf Dauer verharrten.
Tierknochen wurden in großen Mengen in den Marschsiedlungen gefunden. Deren Artbestim-

mung gibt Auskunft über den Viehbestand der damaligen Zeit. Demnach setzte er sich zu drei Vierteln aus Rindern und Schafen zusammen, wobei allerdings das Verhältnis zwischen beiden je nach der Art der die Wurten umgebenden Salzwiesen unterschiedlich war: In stark see-exponierter Lage dominierten die Schafe, während in geschützteren Lagen die Rinder vorherrschend waren. Neben diesen beiden wichtigsten Arten wurden noch Schweine, Pferde (auch zum Verzehr) und Hunde als Haustiere gehalten. Wild wurde nur ganz selten nachgewiesen, auch der Fischfang spielte keine große Rolle.
Lange blieb die Frage ungeklärt, ob in dem salzwasserbeherrschten Bereich um die Wurtensiedlungen auch Ackerbau betrieben werden konnte. Gelegentlich gefundene Pflugspuren unter den Wurten wiesen zwar darauf hin, konnten aber auch ein Anzeichen für rituelles Pflügen sein. Die Untersuchung des Pflanzenmaterials erbrachte jedoch auch den Nachweis von Kulturpflanzenresten. Vor allem die Pferdebohne trat teilweise in großen Mengen auf, hinzu kamen Spelzgerste, Saathafer, selten Emmer, eine heute nicht mehr kultivierte Weizenart, und wesentlich häufiger Lein und Leindotter als Ölpflanzen, wobei die erstere nachweislich hier auch zur Fasergewinnung diente. Neben den Körnern der Kulturpflanzen lieferten die Funde von Druschresten, Stengeln und Wurzeln auch den Beweis, daß die hier nachgewiesenen Arten tatsächlich bei den Wurten angebaut und nicht etwa von außerhalb gegen tierische Produkte eingetauscht wurden. Als Ort des Ackerbaus muß man die erhöhten Uferwälle der Priele im Nahbereich der Siedlungen annehmen. Auch experimentelle Untersuchungen zeigten, daß die genannten Kulturpflanzen eine gewisse Tole-

ranz gegen das im Boden vorhandene Salz besitzen.
In vormittelalterlicher Zeit gab es im Nordseeküstenraum noch keinen Austausch von Nahrungsmitteln, sondern die Menschen lebten von dem, was sie selbst produzierten. Das führte zu einem sehr kleinen und einseitigen Speisezettel mit nicht mehr als vier bis sechs verschiedenen Kulturpflanzenarten, wobei Pferdebohne, Gerste und Lein stets die wichtigsten waren. Die botanischen Analysen ergaben auch, daß eine Ergänzung durch gesammelte Wildfrüchte, wie sie auf der Geest üblich war, in der Marsch praktisch nicht stattfand. Die Ausgrabungen der Wurten zeigten, daß dort neben der Landwirtschaft auch zahlreiche handwerkliche Tätigkeiten ausgeübt wurden. Dazu gehörten Keramikherstellung, Spinnen und Weben, Holz- und Knochenbearbeitung, aber auch Eisenverarbeitung und Bronzeguß. Diese Tätigkeiten deckten im wesentlichen den Eigenbedarf der Siedlungen. Nur in geringem Maße bestanden Handelsverbindungen, auf die importierte rheinische Mahlsteine oder einige Scherben von Terra Sigillata (dünnwandige Keramik der Römerzeit) sowie Münzen aus dem Gebiet der römischen Provinz Germania hinweisen.

Mittelalterliche Wiederbesiedlung und erste Eindeichungen

Zwischen der Aufgabe der alten Wurten im 5. Jahrhundert und dem 7. Jahrhundert fehlen archäologische Siedlungen in der Marsch. In dieser Zeit hat sich aber die Küstengestalt teilweise erheblich verändert. So ist zum Beispiel im Süden des Landes Wursten an der Außenweser, im Land Hadeln an der Außenelbe und in Dithmarschen

ein erheblicher Landzuwachs zu beobachten, während andererseits im mittleren Ostfriesland die heute bereits wieder verlandete Harlebucht tief ins Land drang.
Im 7. Jahrhundert setzte die Wiederbesiedlung der Marschgebiete ein, und zwar waren es bis ins Land Wursten sowie in Nordfriesland und Eiderstedt Friesen, die von Westen her die Marsch erneut kolonisierten. Vielfach nahmen sie die noch vorhandenen urgeschichtlichen Wurten wieder in Besitz und bauten sie oftmals weiter aus. Dort jedoch, wo sich inzwischen neue junge Marsch vorgelagert hatte, benutzten sie die alten Wurten nur als vorübergehendes Sprungbrett und siedelten danach in den frischen Marschgebieten, die nicht nur fruchtbarer waren als die älteren, sondern auch höher aufgelandet. Trotz ihrer hohen und sicheren Lage blieben in diesen Gebieten die urgeschichtlichen Wurten im weiteren Verlauf und oft bis heute unbesiedelt, so etwa im Lande Wursten.
Da sich in dieser Phase des frühen Mittelalters der Meeresspiegelanstieg beruhigt hatte, konnten die Siedler in der jungen Marsch zunächst Flachsiedlungen anlegen. Bald jedoch kam es wieder zu höheren Sturmfluten, und die Bewohner mußten erneut Wurten bauen. Auch in dieser zweiten Wurtenperiode wurden diese immer wieder erhöht, und viele der Dorfwurten bilden den Kern der heutigen Marschorte.
Nicht alle frühmittelalterlichen Wurten begannen als Flachsiedlung. Dort, wo sie erst im 9. Jahrhundert oder später angelegt wurden, mußte man gleich mit einem zum Teil mächtigen Bodenauftrag beginnen, um die nötige Sturmflutsicherheit zu gewährleisten. Ein Beispiel dafür ist die Stadt Emden.

In den letzten Jahren haben mehrere größere Ausgrabungen Einblicke in diese frühmittelalterlichen Wurten gegeben. In Schleswig-Holstein waren das besonders Elisenhof in Eiderstedt, wo die Besiedlung im 8. Jahrhundert als Flachsiedlung beginnt, und Wellinghusen in Dithmarschen, das ebenfalls als Flachsiedlung bis in das späte 7. Jahrhundert zurückreicht. Dagegen erforderte die Ausweitung der Besiedlung in Dithmarschen im 9. Jahrhundert bereits von Beginn an den Bau von Wurten, wie es für Hassenbüttel nachgewiesen worden ist. Aus Niedersachsen liegt ebenfalls eine Reihe von Ausgrabungen aus dieser Zeit vor, so vor allem die Flachsiedlungen und späteren Wurten Niens in Butjadingen aus dem 7. Jahrhundert und Hessens im Stadtgebiet von Wilhelmshaven, das auf das späte 7. Jahrhundert zurückgeht, sowie Oldorf im nördlich davon gelegenen Wangerland, dessen Anfänge nach den Ergebnissen von Jahresringuntersuchungen an verbautem Eichenholz sogar in die erste Hälfte des 7. Jahrhunderts zurückreichen. Im Wangerland zeigten die östlich von Oldorf durchgeführten Grabungen in den Wurten Neuwarfen, Wüppels und Haukenwarf einen zunehmend späteren Beginn der Besiedlung von 900 bis zum 12./13. Jahrhundert n. Chr. Diese Siedler folgten dabei der Verlandung der Crildumer Meeresbucht und konnten sich in frisch gebildetes Neuland setzen. Aber auch hier mußten die Bewohner dieser jüngeren Siedlungen gleich mit dem Wurtenauftrag beginnen. Alle genannten Wurten waren bäuerliche Siedlungen, meist in runder Form, und besaßen eine ähnliche Wirtschaftsstruktur in einer vergleichbaren Landschaft wie die urgeschichtlichen Wurten.

Neben diesen bäuerlichen Wurten existierten, allerdings in wesentlich geringerer Zahl, Lang-

wurten mit ganz anderem Charakter. Hier, wie zum Beispiel in Jemgum, Groothusen, in Nesse im westlichen Ostfriesland oder in Langwarden in Butjadingen, lebten nur Händler und Handwerker in langgestreckten Straßensiedlungen unmittelbar an einem Wasserlauf. An diesen Orten konzentrierte sich der Handel, der in der Marsch vor allem im Winter weitgehend auf die Wasserwege angewiesen war. Den meisten von ihnen wurde später im Zuge der Bedeichung die Wasserverbindung zur Nordsee abgeschnitten. Eine dieser Langwurten, nämlich Emden, konnte sich jedoch zu einem bedeutenden Seehafen entwickeln.
Bis ins frühe Mittelalter litt die Landwirtschaft in den Marschgebieten darunter, daß auch im Sommer leichte Sturmfluten das Heu wegtrugen oder die keimenden Kulturpflanzen auf den Äckern so schädigten, daß die Ernte ausfiel. Deshalb begann man gegen Ende des 11. Jahrhunderts mit der Anlage von niedrigen Sommerdeichen, die die Wirtschaftsflächen schützen sollten. Diese Ringdeiche wurden von den einzelnen Siedlungen errichtet und hatten keine systematische Verbindung untereinander. Damit erreichten die Siedler eine neue Stufe der Sicherung, auch wenn im Winter noch immer die Wurten den Schutz von Mensch und Vieh übernehmen mußten.
Eine neue Welle der Marschbesiedlung setzte dann im 12. Jahrhundert ein, die Hollerkolonisation. Sie bestimmte fortan den Landesausbau an beiden Ufern der Elbe ebenso wie in Stedingen links der Weser und im Hamme-Wümme-Gebiet bei Bremen. Hierzu warb man Holländer an, die ihre Erfahrungen im Deichbau und in der Entwässerung mitbrachten. Man wies ihnen vor allem die bis dahin noch unbesiedelten Gebiete am Rande des Sietlandes und im Sietland selbst zu. Noch

Luftbild der Wurt Rysum im westlichen Ostfriesland. Die bäuerliche Rundwurt wurde um Christi Geburt angelegt. Die Höfe sind radial angeordnet – mit dem Wohnteil nach innen und dem Stallteil nach außen.

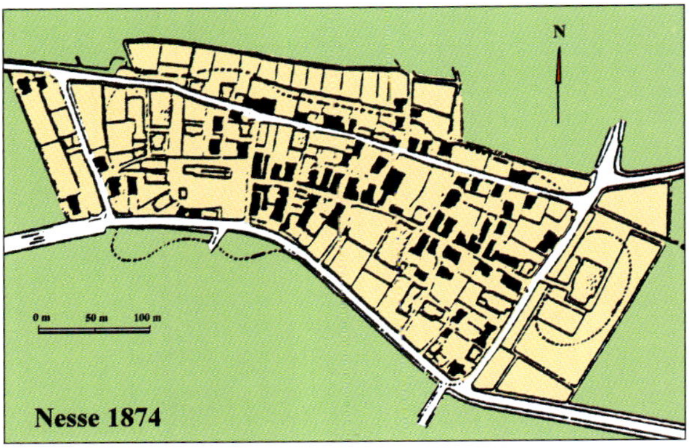

Grundriß der von Händlern angelegten Langwurt Nesse in Ostfriesland aus dem frühen Mittelalter heute belegen dort Orts- und Flurnamen die holländische Herkunft der ersten Siedler. Die Hollerkolonisation begann 1113 im Wesergebiet mit einem Vertrag zwischen dem Bremer Erzbischof und Holländern aus dem Bistum Utrecht, in dem die Modalitäten der Ansiedlung geregelt wurden. In die Stader Elbmarsch kamen die holländischen Siedler ab 1140, aber auch noch im 13. Jahrhundert wurden dort Hollersiedlungen gegründet. In den friesisch besiedelten Marschen und in Dithmarschen bestanden dagegen keine derartigen Kolonien.

Der „Goldene Ring"

Die Hollerkolonien führten auch zur planmäßigen Anlage von Deichen, die über die einzelnen Siedlungen hinausgingen und einen zusammenhängenden Deichschutz ergaben. Ein planvoller Deichbau fand seit dem 13. Jahrhundert auch in den friesischen und sächsischen Marschgebieten statt. Voraussetzung für diesen Schritt war die Ausbildung übergreifender politischer Kräfte, seien sie staatlicher, kirchlicher oder genossenschaftlicher Art. Nur sie konnten die nötigen Planungen organisieren und durchsetzen. Ab dem 13. Jahrhundert wurden die Deiche dann so hoch aufgeführt, daß sie auch den winterlichen Sturmfluten widerstanden. Damit war der „Goldene Ring" geschaffen, der von nun an die ganze Küste schützen sollte. Eng mit dem Deichbau verbunden ist die Entwässerung, mit der das überschüssige Binnenwasser abgeführt wird. Hierfür mußten kleinere Kanäle und große Binnentiefs gegraben werden, die das Wasser zu Durchlässen im Deich, den Sielen, führen. Diese Siele bestanden zunächst aus hohlen Baumstämmen und wurden später zu immer

Oben: Das Leysiel in Ostfriesland – hier die Schiffsschleuse – dient der Binnenentwässerung.
Rechts: Das aus einem Baumstamm gefertigte Siel aus Butjadingen, Kreis Wesermarsch, stammt aus dem 14. Jahrhundert.

kunstvolleren Bauwerken verbessert. Stets blieben die Siele aber bei Sturmfluten ein Gefahrenpunkt im Deich.
Im Schutze der winterfesten Deiche und mit zunehmender Entwässerung konnten nunmehr auch die tiefliegenden und meist vermoorten Sietländer im Hinterland der Marsch bis zum Geestrand hin kultiviert und besiedelt werden. Dies geschah im späten Mittelalter und in der Neuzeit. Seit dem 13. Jahrhundert erfolgte weithin ein Landesausbau in der Marsch, bei dem Einzelhöfe angelegt wurden, die nicht mehr auf schützenden Wurten lagen. Je weiter das Gebiet im tiefen Sietland lag, desto später erfolgte die vollständige Kultivierung. Damit setzte ein Teufelskreis ein, denn je stärker diese vermoorten Gebiete dräniert wurden, desto mehr sackten sie zusammen; die Oberfläche senkte sich immer mehr und war damit noch schwerer zu entwässern. Große Teile der Sietländer liegen heute unter dem mittleren Meeresspiegel. Stellenweise hat die Entwässerung zu Sackungen auf ein Niveau von mehr als zwei Metern unter dem Meeresspiegel, das heißt deutlich unter dem täglichen Tideniedrigwasser geführt. In der Wilstermarsch östlich der Elbe entstand auf diese Weise der tiefste Punkt Deutschlands mit 3,54 Metern unter dem mittleren Meeresspiegel (NN). Die Entwässerung dieser Gebiete erfordert große Energiemengen. Früher wurden diese Flächen mit Hilfe von Windmühlen als Energieerzeugern „trockengemahlen“, heute geschieht das durch elektrische Pumpen.
Die durchgehenden See- und Flußdeiche boten nicht nur Schutz, sondern brachten auch Gefahren mit sich. Konnte sich vor dem Deichbau bei Sturmfluten das Wasser noch über die ganze Marsch verteilen, so staute es sich nach dem

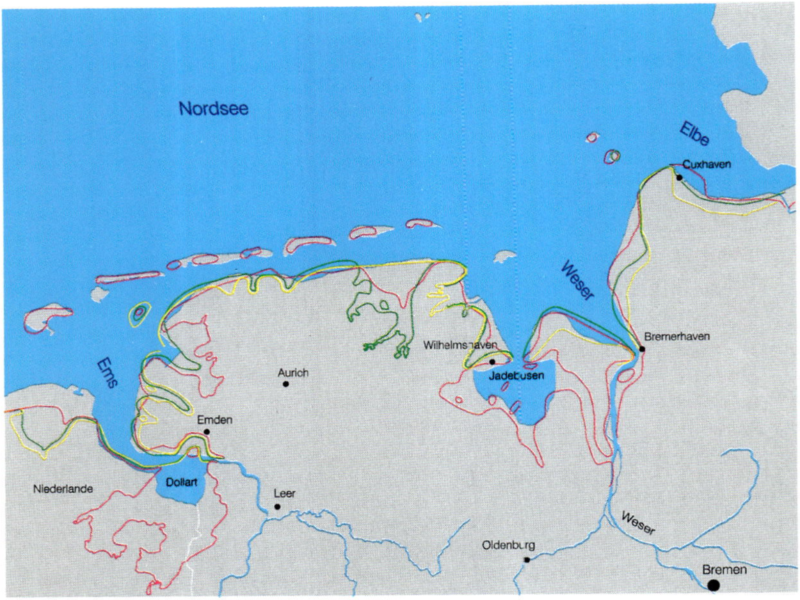

Frühere und heutige Küstenlinien in Niedersachsen. Gelb: um Christi Geburt; grün: um 800 n. Chr.; rot: um 1500 n. Chr., das heißt nach den schweren mittelalterlichen Sturmfluten. Die Karte zeigt den neuesten Forschungsstand.

Deichbau an den Deichen, und der Sturmflutspiegel lag entsprechend höher. Wenn nun die Deiche brachen, konnte das zu verheerenden Überschwemmungen führen. Geriet das Wasser in das durch Entwässerung erniedrigte Sietland, so konnte es kaum abfließen. Aus diesen Gründen entstanden seit dem 13. Jahrhundert durch zahlreiche Sturmfluten die vorher nicht vorhandenen Buchten Dollart und Jadebusen. Noch schlimmer waren die Verluste in Nordfriesland nördlich von Eiderstedt, wo vor allem mit der „Großen Mandränke" 1362 riesige Gebiete verlorengingen. Hier hatte zusätzlich die Absenkung großer Gebiete durch die Gewinnung von Salztorf zu irreversiblen Einbrüchen geführt.
Dieses Ereignis verdeutlicht besonders die Grenzen der menschlichen Bemühungen, der Gewalt des Meeres auf Dauer Land abzutrotzen.

Gab es das sagenhafte Rungholt wirklich?

Klaus Lengsfeld

Unverminderter Reiz geht auch heute noch von der vor Jahrhunderten im Wattenmeer versunkenen Stadt Rungholt aus. Die phantasievollen Schilderungen der verheerenden mittelalterlichen Flut offenbaren auffällige Parallelen etwa zum Untergang des sagenhaften Atlantis und anderer mythisch gewordener Orte. Zum einen waren es sündhafte, dem Luxus und verabscheuungswürdigen Ausschweifungen verfallene Menschen, die angeblich ein göttliches Strafgericht auslösten – jeweils blieben warnende Priester und unschuldige Jungfrauen verschont. Bemerkenswert ist zum anderen ein eklatanter Mangel an verläßlichen Belegen und Fakten. Nichtsdestoweniger sind die Berichte von großer Leidenschaft, ja missionarischem Eifer getragen. Kritische Fragen, Zweifel oder gar Widerspruch lösen heftige Emotionen aus, nur selten wird mit klaren, beweiskräftigen Tatbeständen argumentiert.

Die Rungholtsage

Wie jede wirkungsmächtige Sage, so stützt sich auch die Erinnerung an das „reiche Rungholt" auf landschaftliche Gegebenheiten und das menschliche Bedürfnis nach Ordnung und verläßlicher Gerechtigkeit. Angesichts einiger allgemein bekannter Fakten, mancher vieldeutiger Einzelhinweise und zahlreicher Lücken in der Überlieferung erscheint der „wahre Kern" eher verhüllt. Die ersten Hinweise und einzelne Bestandteile der Sage finden sich bereits im frühen 13. Jahrhundert, wobei die „Urfassung" einen Untergang um 1200 n. Chr. mit vier überlebenden Jungfrauen erwähnt. Caesarius von Heisterbach berichtet 1216 von frevelhaftem Mißbrauch des heiligen Sakraments.

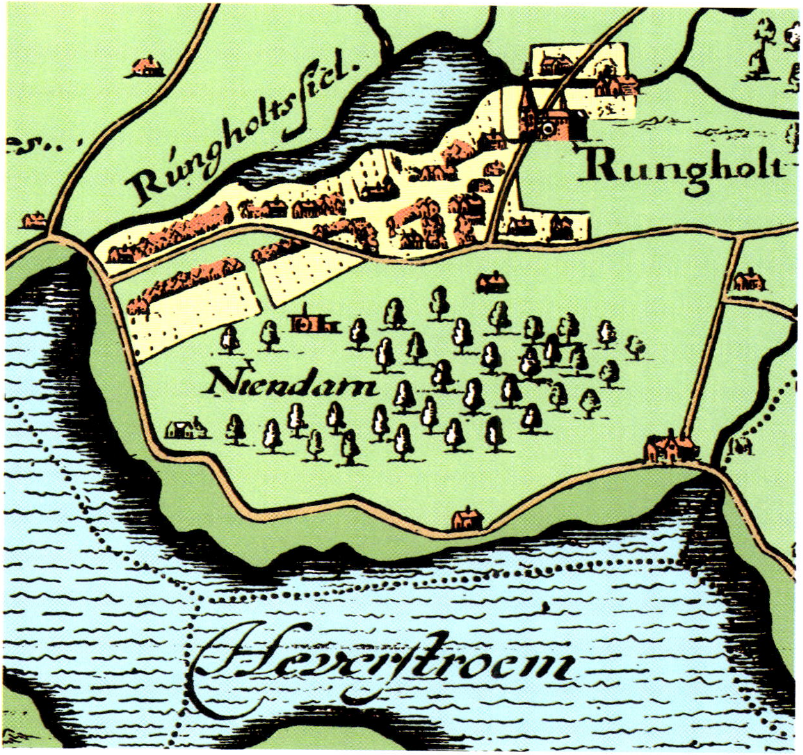

So stellte sich der Kartograph Johannes Mejer Mitte des 17. Jahrhunderts den Ort Rungholt für die Zeit um 1240 vor. Der im Original schwarzweiße Kupferstich wurde 1652 in der „Newen Landesbeschreibung der zwei Herzogthümer Schleswig und Holstein" veröffentlicht. Die Karte wird kaum auf einer realen Vermessung beruhen, gibt aber vielleicht eine zutreffende Vorstellung von der Ansiedlung mit einigen Dutzend Häusern sowie einer Kirche und einem breiten Wasserlauf mit einem Hafenplatz. Das offene Meer erreichte man durch eine in den Deich eingelassene Schleuse. An dieser Stelle wird sich wohl auch ein Entwässerungssiel befunden haben.

Durch historische Dokumente belegt ist die Existenz Rungholts etwa im „Catalogus vetustus“ aus dem Jahr 1300, einem bischöflichen Abgabenverzeichnis der zum Bistum Schleswig gehörenden Kapellen und Kirchen. Ein Testament aus Hamburg erwähnt 1345 den Namen „rungheholte“, der Brunsche Katalog registrierte 1362 die bischöflichen Einbußen durch den Untergang von Kirche und Kapellen des Kollegiums.
Die späteren schriftlichen Quellen dürfen getrost dem Bereich der Sage zugeordnet werden: Größe, rechtliche Verfassung und wirtschaftliche Bedeutung, ja selbst ein 1355 für die Edomsharde genannter Hafen sind nicht ausreichend belegt. Auch auf einigen Landkarten wie der von 1240, die der verdienstvolle Husumer Kartograph Johannes Mejer 1652 in der berühmten „Newe Landesbeschreibung ...“ von Caspar Danckwerth veröffentlichte, ist Rungholt zwar eingezeichnet, die Angaben fußen jedoch sämtlich auf einigen wenigen Schriftquellen und mehrhundertjähriger mündlicher Überlieferung. So wird verständlich, wie sich der Untergang zahlreicher Siedlungen schließlich mit dem Namen Rungholt verband, sich das Interesse auf das Schicksal des Hauptortes der Harde konzentrierte, und wie aus einer Marschensiedlung ein „Flecken“ wurde (Boetius, 1623), gar eine reiche mittelalterliche Stadt.
Der Ort Rungholt fand sein Ende bei der ersten großen „Mandränke“, ausgelöst durch die Sturmflut vom 16. Januar 1362. Den heute bekanntesten literarischen Niederschlag fand der Untergang Rungholts in Detlev von Liliencrons Ballade aus dem Jahr 1882, deren Anfang wir hier wiedergeben:

„Kulturspuren bei der Hallig Südfall (Rungholt-Fundstätten aus der Vogelschau)", Öl auf Hartfaser von Albert Johannsen (1890– 1975). Im Vordergrund sind Deich- und Sielreste, Warft-, Haus- und Brunnengrundrisse sowie Grabensysteme zu erkennen, im Hintergrund die Norderhever, rechts Hallig Lüttmoor, links Pellworm.

„Trutz, Blanke Hans.
Heut bin ich über Rungholt gefahren,
Die Stadt ging unter vor sechshundert Jahren.
Noch schlagen die Wellen dort wild und empört,
Wie damals, als sie die Marschen zerstört.
Die Maschine des Dampfers schütterte, stöhnte,
aus den Wassern rief es unheimlich und höhnte:
Trutz, Blanke Hans.“

Die Siedlung Rungholt

Nachfolgend soll die Frage des Realitätsgehalts der Sage vor dem Hintergrund der raschen landschaftlichen Entwicklung der schleswig-holsteinischen Wattenmeerküste untersucht werden. Es wird dabei von Fachleuten oft übersehen, daß die Rungholtsage in der Öffentlichkeit nach wie vor recht bekannt ist. Das erhöht auch die Akzeptanz der Erforschung des Wattenmeeres durch Natur- und Geschichtswissenschaft und Archäologie. Dieses außerordentlich populäre Thema bringt vielfältige Sachkenntnisse und grundsätzliche Fragen nach der menschlichen Existenz in der Wattenmeerlandschaft in das Bewußtsein weiter Bevölkerungskreise.

Die 1882 entstandene lyrische Fassung der Rungholtsage von Detlev von Liliencron gibt wohl den gegenwärtig im öffentlichen Bewußtsein verankerten Kenntnisstand wieder. Doch trägt auch jede größere Sturmflut, über die aktuell in den Medien berichtet wird, dazu bei, die Erinnerung an Rungholt lebendig zu halten.

Hinzu kommt, daß der landschaftliche Bezug der Sage zur Gegenwart unverändert gegeben ist. Nach wie vor ist das niedrige Marsch- und Halligland, teils von Deichen umgeben, dem Angriff der Nordsee ausgesetzt, und auch heute werden

Bei den Vorbereitungen zur Bergung einer Schleuse, die möglicherweise zu Rungholt gehörte, wurde 1961 das Gelände untersucht.

Wohnstätten der Friesen auf hohen Warften vor den ansteigenden Überflutungen bewahrt.
Das mittelalterliche Kirchspiel Rungholt läßt sich als dünnbesiedeltes Marschland mit vorgelagertem Außendeichsland denken. Warften unterschiedlicher Größe und Höhenlage prägten das Landschaftsbild. Kirchen und Kapellen, Bauernhäuser und kleine Katen schauten über weite Halligflächen und den deichgeschützten Koog. Im allgemeinen waren die Gebäude aus Grassoden oder lehmbeworfenen Flechtwerkswänden errichtet. Nur sehr herausgehobene Bauwerke, vor allem die Kirchen, erbaute man ab etwa 1200 aus Backsteinen.
Hölzerne Sieltore entwässerten über Grüppen und Gräben das bewirtschaftete Land, niedrige Deiche ermöglichten das Graben nach Salztorf. Daneben wurden Weidewirtschaft und Heugewinnung, auf höher gelegenen Flächen sogar Getreideanbau betrieben.
Im Hever-Priel vor der Schleuse fuhren Schiffe bis zum Deich, entluden Handelswaren und nahmen Salz, wohl auch Getreide, Bier und Malz an Bord. Doch dann drangen im späten Mittelalter verheerende Sturmfluten in dieses Gebiet ein. Der Wasserstand der Nordsee war angestiegen und hatte den weit im Westen vorgelagerten Strandwall durchbrochen. Nun trafen hohe Sturmfluten auf zu niedrige Deiche und Warften.
Der bis dahin von Süßwasser geprägte Siedlungsraum der Friesen zwischen Strandwall und Geesthang wurde grundlegend umgestaltet, er unterlag fortan dem zunehmenden Meereseinfluß. Weite Gebiete mußten aufgegeben werden, denn vorher bewirtschaftete Flächen lagen nun unter dem Niedrigwasserpegel, die Deiche waren nicht zu halten. Einige Siedlungen blieben zunächst hallig-

ähnlich im Überflutungsgebiet zurück, zahlreiche Orte wie etwa Akensbüll oder Fedderingscapell versanken endgültig in der Nordsee. Von ihnen spricht man nicht mehr, lediglich Rungholt ist in der Überlieferung bis heute – stellvertretend für alle – lebendig geblieben.

Archäologische Spuren

Langjährige Beobachtungen und zahllose Streufunde im Wattengebiet sowie vergleichende archäologische Grabungsbefunde gaben seit dem 19. Jahrhundert verwirrend vielfältige Hinweise. 1921 entdeckte dann der Nordstrander Landwirt Andreas Busch mehrere Holzkonstruktionen, Brunnenringe und Keramikscherben im Wattenmeer vor der Hallig Südfall, die er als mittelalterliche Kulturspuren deutete und als wichtige Beweise für die tatsächliche Besiedlung der Gegend wertete. Vor wenigen Jahren konnte das Alter der Balken eines Sielbauwerks von der Universität Kiel bestimmt werden: Sie stammten aus dem 11. bis 13. Jahrhundert.
Im Verlauf von fünf Jahrzehnten beobachtete Busch kontinuierlich den gesamten Bereich, dokumentierte seine Funde akribisch und legte damit eine wissenschaftliche Grundlage für das Verständnis des Geschehens, das zum Untergang Rungholts führte. Inzwischen sind seine Erkenntnisse, durch weitere Kulturspuren ergänzt, in gemeinsamen Fundkarten vermerkt und mit den Grabungsergebnissen gleichzeitig bestehender Siedlungen verglichen worden („Norderhever-Projekt").
Die Deich-, Pflug- und Warftspuren, Balkenkonstruktionen, Brunnenreste und Waffen sowie der gefundene Hausrat geben Einblick in die Lebens-

verhältnisse der mittelalterlichen Marschbewohner. Besonders bemerkenswert erscheinen dabei drei Funde fremdländischer Keramik. Eine Kanne wurde in Eiderstedt bei Tating geborgen, zwei weitere fand man im Watt nordwestlich der Hallig Südfall. Die Form der glasierten Ware, das Dekor sowie die arabischen Symbole und Schriftzeichen weisen ins mittelalterliche Spanien und lassen sie als Teile christlichen Taufgeschirrs erscheinen.
Der durch Strömung und Wellengang beständig umgelagerte Wattboden gibt immer wieder für kurze Zeit überraschende Funde frei und begräbt sie sogleich erneut unter Sand und Schlick. Unter dem Halligland liegende alte Feldfluren, Deich-, Graben- und Brunnenreste sowie Spuren der Salzgewinnung werden dann für kurze Zeit sichtbar. Insbesondere kleinere Gegenstände müssen nun umgehend geborgen werden, bevor sie fortgeschwemmt werden und für immer verlorengehen. So haben wir zwar zahlreiche Hinweise auf einen einträglichen Fernhandel der Kaufleute von Rungholt, Verträge mit Hamburg, Keramik aus dem Rheinland und Fayencen aus Spanien. Wertvolles Gerät, Schmuck aus Edelmetall oder Münzen sind bislang jedoch nicht in die Museen gelangt. Der sagenhafte Reichtum der „Stadt Rungholt“ ist daher nur andeutungsweise erkennbar, ebenso wie die Ausdehnung und Lage der Siedlung.
Sicher ist jedoch, daß im Wattengebiet zwischen den Inseln Nordstrand und Pellworm, in der ehemaligen Edomsharde, zahlreiche Orte in den Sturmfluten des 14. Jahrhunderts versanken. Auch Rungholt gehörte dazu – und vereinigt in der Sage über seinen Untergang alle diese Orte in sich.

Wie bizarre kleine Felsen ragen die Überreste einer zerspülten Marsch am Japsand aus der Umgebung hervor.

Zerbrechliche Kleinode im Wattenmeer: die Halligen

Guntram Riecken

Gegenüberliegende Seite: Sturmflut auf den Halligen. Dieser Stahlstich aus der zweiten Hälfte des 19. Jahrhunderts sollte dem Binnenländer eine Vorstellung von der Not der Halligbewohner bei einer Sturmflut geben.

In der Nacht vom 3. auf den 4. Februar 1825 wurde die schleswig-holsteinische Westküste von einer schweren Sturmflut heimgesucht. Wegen ihrer katastrophalen Auswirkungen auf die Halligwelt wird sie auch als „Halligflut" bezeichnet. Über die besonders hart betroffene Hallig Nordmarsch, heute ein Teil von Langeneß, schrieb ein namentlich nicht bekannter Zeitzeuge: „Hier ist von 59 Häusern nur Eins in bewohnbarem Stande geblieben, 29 sind gänzlich zusammen gestürzt und von den Wellen weggeschwemmt, 29 stark beschädigt, so daß auch diese nicht bewohnt werden können, und wie Häusergerippe da stehen. 14 Personen sind daselbst ertrunken. Ungefähr 200 bis 212 Schafe und 63 Kühe sind umgekommen. Aller Dünger und Feuerung ist weggeschwemmt, und auf Nordmarsch derselbe Mangel an süßem Wasser wie auf Hooge. Wenige Mobilien usw. sind gerettet. Die Kirche ist, so wie diejenige auf Hooge, stark beschädigt. 94 arme hilfsbedürftige Personen sind nach Wyck zur Verpflegung vor der Hand transportirt. Die Hallig selbst hat circa 2 Ruthen Erde in der Runde verloren, und das Land ist größtentheils ein Schlick mit Sand vermengt und Muscheln übersäet."

Diese Flutkatastrophe veranlaßte König Friedrich VI. von Dänemark, das damals noch mit den Herzogtümern Schleswig und Holstein in Personalunion verbunden war, der durch das Sturmflutgeschehen ebenfalls stark in Mitleidenschaft gezogenen Hallig Hooge einen Besuch abzustatten, um sich ein eigenes Bild zu machen und seine Anteilnahme zum Ausdruck zu bringen. Trotz dieser gut gemeinten Visite blieben die Halligbewohner bei der Schadensregulierung jedoch weitgehend ohne staatliche Hilfe, denn für die Sicherung ihrer Hallig hatten sie damals noch selbst zu sorgen.

Ohne Schutz dem Untergang geweiht

In jüngster Zeit wird der Besucher bei Rundgängen über einige der nordfriesischen Halligen immer wieder mit umfangreichen Baumaßnahmen konfrontiert, die Ausdruck einer gründlichen Erneuerung der Warften sind – jener für das Halligbild so typischen, künstlich geschaffenen Erdhügel, die bei „Landunter“ Mensch und Tier Schutz vor Sturmfluten gewähren. In einigen Metern Abstand vom Warftfuß sind hohe Ringwälle aus schwerem Kleiboden aufgeschoben. In die dadurch gebildete muldenartige Rinne spülen kilometerlange Rohre Unmengen von feinem Seesand aus dem Wattenmeer ein. Von Bulldozern werden die so gewonnenen Sandmassen bewegt, bis sie zum erhöhten und sanft auslaufenden Profil der neuen Warftböschung geformt sind. Mit dem Erdreich des vorgelagerten, nunmehr überflüssigen Ringwalls, der zum Auffangen des Spülsandes notwendig war, wird die neue Böschung zwecks Stabilisierung abgedeckt. Einer der letzten Arbeitsschritte ist die vor Auskolkungen (Ausspülungen) schützende Begrünung, die jeweils vor den ersten Herbststurmfluten fertiggestellt sein muß. Im Fachjargon der Wasserbaufachleute nennt man eine solche, insgesamt äußerst aufwendige Baumaßnahme „Warftverstärkung“. Das Ergebnis ist ein etwa fünf Meter über NN (Normal-Null, das heißt der mittlere Wasserstand) liegender, an den alten Warftrand angefügter Ringdeich, der bis zu 1,2 Meter über die Warftoberfläche hinausreicht. Da durch ihn der Blick aus den Fenstern der alten Hallighäuser auf das Meer zumeist verdeckt wird, kommt diese Baumaßnahme nicht unbedingt einem optimalen Wohngefühl entgegen – wichtiger ist den Halligbewoh-

Landunter auf Hallig Hooge bei der Sturmflut vom 3. Januar 1976. Ein Apfelbaum ist bereits von den Fluten umspült worden.

nern jedoch die größere Sicherheit, denn die nächste Sturmflut kommt bestimmt ...
Diese für jede Warft über eine Million Mark verschlingende Küstenschutzmaßnahme, die als „Jahrhundertwerk“ um das Jahr 2005 abgeschlossen sein soll, ist eine Reaktion auf den unerwartet hohen Meeresspiegelanstieg der vergangenen drei Jahrzehnte. Dabei hatten letzte, im Aufwand vergleichbare und ebenfalls aus Steuermitteln finanzierte Baumaßnahmen erst in den sechziger Jahren stattgefunden. Seit der Jahrhundertwende ist Halligschutz nämlich zu einer weitgehend staatlichen Angelegenheit geworden – zum einen zweifellos aus Fürsorge gegenüber den Halligbewohnern, zum anderen aber auch aus übergeordneten Sicherheitserwägungen heraus: Intakte Halligen tragen zur Stabilisierung der Wattensockel bei, indem sie das Energiepotential der aufbrandenden Wellen erheblich abschwächen. Dieser „flächenhafte Küstenschutz“ ist wiederum die beste Gewähr für die Sicherheit der Festlandsdeiche. Ohne die immer wieder ergriffenen umfangreichen und äußerst kostspieligen Schutzmaßnahmen wie Kantensicherung durch Steindecken, Grüppelung (System von kleinen Be- und Entwässerungsgräben), Vorflutregelung sowie Buhnen (in das Meer hineinragende Dämme) und Sielbau wären die Halligen heute nur noch versprengte, kaum bewohnbare Landreste, wahrscheinlich aber wären sie längst verschwunden.

Das Werden der heutigen „Halligwelt“

Die wesentlichen Merkmale des Erscheinungsbildes und der Funktion einer Hallig sind bereits angeklungen. Von einer Marscheninsel wie Pellworm unterscheidet sie sich dadurch, daß ihr Ufer

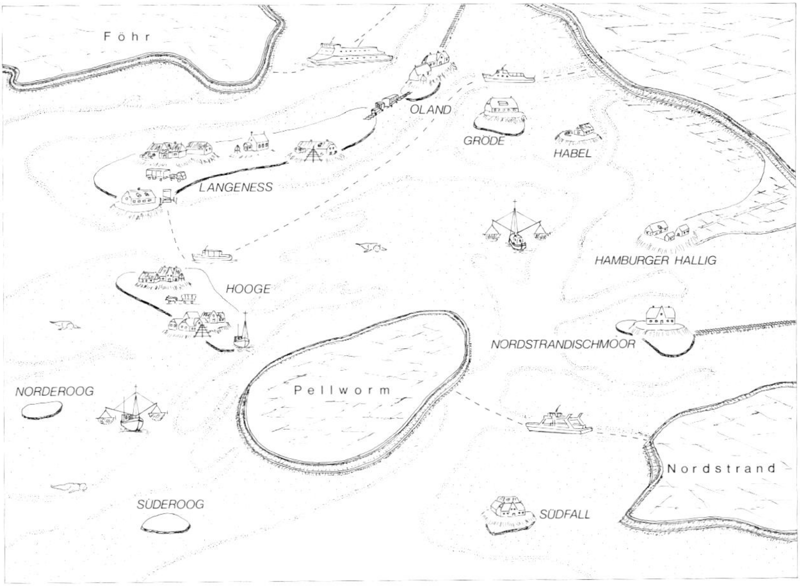

Die nordfriesische Insel- und Halligwelt mit ihren Prielen, Wattströmen und Dämmen sowie einigen Fährverbindungen zeigt diese vereinfachte Darstellung.

nicht durch einen Deich geschützt ist. Dies bedeutet, daß das durchschnittlich nur zwei Meter über NN gelegene Halligland bei Sturmflut überspült wird, so daß der Boden salzig ist.
Sturmflutschutz, der für das Festland durch Deiche gegeben ist, wird auf der Hallig also lediglich durch eine Warft hergestellt. Durch die häufigen Überflutungen – Nordstrandischmoor hält mit 60mal „Landunter" in einem Jahr den Rekord – wächst eine Hallig allmählich in die Höhe, da jedesmal kostbares Sedimentmaterial abgelagert wird. Der Blick auf eine Prielkante läßt diesen Vorgang deutlich werden: Viele Sturmfluten haben durch ihre Ablagerungen unzählige Schichten gebildet, deshalb spricht man auch von einer Sturmflutschichtung auf den Halligen. Um zumindest zur Erntezeit Überflutungen weitgehend ausschließen zu können, hat man auf den größeren Halligen Hooge, Langeneß, Oland und Gröde Sommerdeiche gebaut. Zwar erfüllen sie den ihnen zugedachten Zweck und sorgen in den Sommermonaten für ein störungsfreies Halligleben, dies jedoch mit dem bedenklichen Nebeneffekt, daß infolge der stark reduzierten Sedimentablagerung die Auflandung der Halligfläche mit dem steigenden Meeresspiegel nicht mehr Schritt halten kann.
Als Ergebnis der etwa 900 n. Chr. einsetzenden Überflutung und Ausräumung (Vertiefung) der nordfriesischen Bucht liegen die Halligen heute weit verstreut im Wattenmeer. Sie sind teils Reste ehemals größerer Landmassen, teils Neubildungen aus Erosionsmaterial zerstörter Marschländereien und damit in ihrer heutigen Form und Lage erst einige hundert Jahre alt. Aufgrund der dynamischen Kräfte im Wattenmeer waren die Halligen – bis zur Sicherung und Festlegung ihrer Ufer durch

Steinkanten – ständigen Veränderungen unterworfen. Steter Uferabbruch erfolgte in Luv (windzugewandte Seite), Anlandung dagegen in Lee (windabgewandte Seite), so daß wegen der Westwinddrift eine langsame Wanderung der Halligen von West nach Ost stattgefunden hat.
Heute gibt es nur noch zehn Halligen, davon sind vier, nämlich Langeneß und Oland, Nordstrandischmoor sowie die Hamburger Hallig, durch Dämme, die sowohl dem Schutz als auch dem Materialtransport dienen, mit dem Festland verbunden. Diesen Verbindungsdämmen haben die Einwohner der Halligen Langeneß, Oland und Nordstrandischmoor es zu verdanken, daß sie das Festland auch mit ihren privaten Loren erreichen können. Die Form der Halligen Gröde und Langeneß ist recht jungen Datums. Durch den Bau von Lahnungen (Buschwerk zwischen zwei Pfahlreihen) und Dämmen sowie durch Landgewinnungsmaßnahmen sind sie zusammengewachsen. In die früher noch wesentlich kleinere Hallig Gröde ist die Hallig Appelland integriert worden, und das heutige sich über elf Kilometer von West nach Ost erstreckende Langeneß bestand früher aus den Halligen Nordmarsch, Butwehl und Langeneß. Mit fast 1000 Hektar ist es mittlerweile zur größten Hallig geworden. Die bekannteste Hallig ist aber zweifellos Hooge, deren heutige Fläche ohne den schützenden, westlich vorgelagerten Japsand sehr viel kleiner wäre. Falls seine nach Osten gerichtete Wanderung im gleichen Tempo fortschreitet wie in den vergangenen Jahrzehnten (durchschnittlich 27 Meter jährlich), wird dieser Außensand in etwa 100 Jahren als prächtig weißer, sehr breiter Sandstrand an der Westküste von Hooge liegen – vergleichbar dem Kniepsand vor Amrum.

Oben: Auf dem Damm zwischen den Halligen Oland und Langeneß verläuft die Versorgungsbahn.
Rechts: Die Orkanflut vom 16./17. Februar 1962 hat den Wohnteil dieses Reetdachhauses der Neu-Peters-Warft auf der Hallig Langeneß zerstört.

Früheres Leben und Arbeiten auf einer Hallig

Die isolierte Lage der Halligen und ihre häufige Sturmflutgefährdung führten zu bemerkenswerten Überlebenstechniken, die sich insbesondere im Warft- und Hausbau wie auch in der Wasserversorgung manifestieren. Denken wir an die Landwirtschaft oder an die in früheren Zeiten äußerst schwierige Versorgung, so gibt es interessante Vergleichsmöglichkeiten und Parallelen etwa zu den Bergbauern in den Alpen, die es ebenfalls meisterlich verstanden haben, sich an extreme Lebensverhältnisse anzupassen. So konnte sich auch auf den Inseln und Halligen eine eigenständige Kultur entwickeln, deren Erhalt und Pflege im Zeichen des wachsenden Tourismus heute wieder eine größere Beachtung findet. Aus Befragungen wissen wir, daß viele Gäste nicht nur eine typische Hallig sehen möchten, sondern daß sie ebenso an Informationen über frühere Lebensverhältnisse und kulturelle Besonderheiten interessiert sind. Auf die dafür wichtigsten Aspekte soll im folgenden das Augenmerk gerichtet sein.
Eine wesentliche Erwerbsquelle war zu allen Zeiten die Landwirtschaft, die infolge der Salzwiesenvegetation allerdings nur eine Grünlandwirtschaft sein konnte. Für die Viehhaltung ist gutes Trinkwasser eine unverzichtbare Voraussetzung, die auf den Halligen wegen des salzigen Grundwassers aber nicht gegeben ist. Folglich mußte dieses Problem schon bei der Planung einer Warft bedacht werden. In ihrem Zentrum wurde ein Fething angelegt. Dabei handelt es sich um einen trichterförmigen, etwa vier Meter tief in den Warftkörper eingelassenen Teich, der das Regenwasser auffängt. Äußerst kritische Situationen entstanden immer dann, wenn bei besonders hohen Sturmflu-

ten Meerwasser in den Fething schwappte und das Tränkwasser unbrauchbar machte. Dies geschah auch bei der Flutkatastrophe 1962, als ohne den eilig organisierten Süßwassertransport vom Festland das Vieh inmitten des Salzwassers beinahe verdurstet wäre. Um halbwegs sauberes Trinkwasser zu erhalten, bediente man sich einer etwas verfeinerten Methode: Der auf die halligtypischen Reetdächer fallende Niederschlag wurde über Rinnen und Rohre in den birnenförmigen Fethingsood geleitet, ein ebenfalls in die Warft eingelassenes, zumeist abgedichtetes Wasserreservoir, in dem das kostbare Naß vor weiterer Verschmutzung und Versalzung geschützt war. Die Halliggebäude, die früher fast ausnahmslos mit der Landwirtschaft verknüpft waren, besaßen sehr kleine Abmessungen. So war der Wirtschaftsteil durchschnittlich nur für acht bis zehn Stück Vieh ausgelegt. Diese Zahl reichte aus, um neben den Erfordernissen der Ernährung zugleich auch den gesamten Energiebedarf des Hallighofs zu decken. Dazu nutzte man den in der Winterzeit anfallenden Viehdung, der in Behältern gesammelt wurde. Im Frühjahr wurde er auf die Warftböschung gestrichen und getrocknet, sodann abgestochen und gewendet. Schließlich schichtete man die so entstandenen Ditten zum endgültigen Trocknen in Reihen auf. Diese für Heiz- und Kochzwecke verwendeten Ditten wurden auch im Tauschhandel, beispielsweise für den Bezug von Getreide von der benachbarten Insel Pellworm, eingesetzt.

Besonders schwierig gestaltete sich früher die Winterfuttergewinnung. Da es noch bis in unser Jahrhundert hinein keine mit Wagen befahrbaren Wege auf den Halligen gab, mußte das Heu von den entfernter liegenden Fennen (Wiesen)

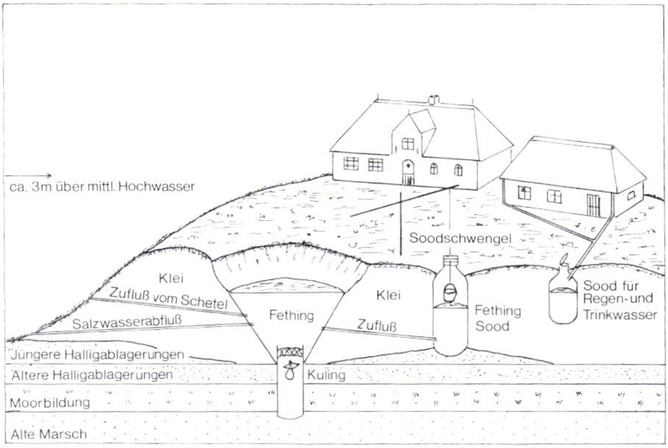

Oben: Tief eingesenkt in die Warft auf der Hallig Gröde ist der Fething, in dem man früher das Süßwasser auffing. Heute erfolgt die Versorgung durch Rohre vom Festland. Rechts: Der Querschnitt durch eine Warft zeigt das Innenleben der traditionellen Wasserversorgung.

zunächst auf Boote verfrachtet und dann über die Priele so nah wie möglich an die Warft herangebracht werden. In große Laken gehüllt, wurde es dann bündelweise zum Hallighof getragen, ein ähnlich mühsames Unterfangen wie bei den Bergbauern in den Alpen. Bevor Sommerdeiche angelegt wurden, kam es nicht selten vor, daß Hochwasser die Mähflächen überschwemmte und die Heuhaufen mit dem einsetzenden Ebbstrom davongetragen wurden. Deshalb mußte häufig Futter vom Festland zugekauft werden, wollte man das Vieh wohlgenährt durch den langen Winter bringen.

Sowohl die abgeschiedene Lage der Halligen als auch ihre durch Naturfaktoren begrenzten Produktionsmöglichkeiten erschwerten die Versorgung der Halligbewohner erheblich. Die früher in allen ländlichen Gebieten angestrebte Selbstversorgung hatte hier ihre natürlichen Grenzen. Deshalb war die Herstellung von marktgängiger Handelsware wichtig. Auf den benachbarten Inseln wie auf dem Festland galt insbesondere die Halligbutter als Spezialität. Ob sie qualitativ besser als festländische war, oder ob der infolge mangelnder Kühlmöglichkeiten leicht ranzige Geschmack ihren besonderen Gaumenreiz ausmachte, sei dahingestellt. In jedem Fall wurden die Halligfrauen in die Lage versetzt, die durch die Butter und andere Halligprodukte (wie zum Beispiel Schafwolle) erzielten Einnahmen für die Beschaffung von Grundnahrungsmitteln und anderen Gütern verwenden zu können. Diese mußten dann allerdings auf beschwerlichen Märschen durch das Watt oder, schon komfortabler, per Boot auf die Halligen gebracht werden. Einen Kaufmannsladen gab es noch nicht, allenfalls den auch in anderen ländlichen Gebieten üblichen Höker, der in regelmäßigen Zeitabständen von Warft zu Warft zog und seine mitgeführten Waren feilbot. Trotz der unmittelbaren Nähe ergiebiger Fischgründe erlangte der Fischfang auf den Halligen – nicht zuletzt wegen der beträchtlichen Marktferne – keine größere Bedeutung. So diente er ebenso wie auch die mit kescherartigen Netzen betriebene Krabbenfischerei weitgehend nur der Eigenversorgung. Krabben und Fleisch wurden für die langen Wintermonate dadurch haltbar gemacht, daß man sie in reichlich Salz einlegte. Salz war zu früheren Zeiten – nicht nur auf den Halligen – ausgesprochene Mangelware. Doch auch bei diesem Problem wußten sich die Halligbewohner zu helfen. Sie hatten herausgefunden, daß unter ihrem Halligland mächtige Torfschichten lagerten, die als Folge immer wiederkehrender Überflutungen stark mit Meersalz angereichert waren. Sie legten diese Schichten frei, gruben den Salztorf ab und schafften ihn auf die eigens für diesen Zweck gebaute Salzsiederwarft, wo seine Trocknung und die dann folgende, wenig umweltfreundliche Verbrennung stattfand. Übrig blieb eine stark salzhaltige Asche, die man mit Wasser versetzte. In einem weiteren Vorgang wurde das Salz aus dieser Sole herausgekocht. Aus einem Kubikmeter nassen Torfs ließen sich durchschnittlich 24 Kilogramm Salz gewinnen. Obwohl dieses „Friesensalz“ einen bitteren Beigeschmack gehabt haben muß, wie wir von Chronisten wissen, diente es nicht nur dem Eigenbedarf, sondern auch als kostbares Handelsgut bis ins dänische Ribe. Dieses Beispiel macht deutlich, wie groß die wirtschaftliche Not auf den Halligen gewesen sein muß, wenn man sich trotz der ständigen Sturmflutbedrohung noch bis weit in das 18. Jahrhundert hinein den Grund und Boden im wahrsten Sinne des Wortes unter den eigenen Füßen weggrub und auf diese Weise die Zerstörung der wichtigsten Lebensgrundlage einleitete.

Aufbruch in die „Neuzeit“

Längst sind die Lebensverhältnisse auf den Halligen denen auf dem Festland angeglichen, so daß dort draußen in den Utlanden niemand mehr in materieller Not leben muß. In früheren Jahrhunderten boten neben der Landwirtschaft die Salzgewinnung, der Walfang oder die Handelsschiffahrt, zumeist auf holländischen und dänischen Schiffen, die materielle Lebensgrundlage für die tüchtigen Halligleute. Zeitweise verhalfen sie ihnen sogar zu einem bescheidenen Reichtum. Heute kommt dem Tourismus eine entscheidende Bedeutung zu, ohne den es kaum noch eine wirtschaftliche Basis auf den Halligen gäbe.
Für die Einquartierung von Gästen waren in der Nachkriegszeit allerdings zunächst einmal einige wesentliche Voraussetzungen zu schaffen. Nach der bereits erwähnten katastrophalen Sturmflut von 1962 mußte für die schwer geschädigten Halligen die Frage geklärt werden, ob sie überhaupt erhalten werden konnten und wie das Leben auf ihnen dann weitergehen sollte. Die Entscheidung fiel zugunsten der Halligen und ihrer Bewohner aus: Bis 1967 wurden die umfangreichen Baumaßnahmen eines großen auf die Landwirtschaft ausgerichteten Halligsanierungsprogramms durchgeführt, mit dem die „Neuzeit“ auf den Halligen eingeleitet wurde. Mit dem Anschluß an das festländische Strom- und Wasserversorgungsnetz hielten endlich Glühbirne, Telefon, Fernseher, Waschmaschine, Elektroherd, Staubsauger und Gefriertruhe ihren Einzug.

Die Backenswarft auf der Hallig Hooge bei Landunter zeigt diese historische Fotopostkarte. Der Warftbau gehört zu den Überlebenstechniken, mit denen die Halligbewohner auf ihre besondere Gefährdung durch Sturmfluten reagierten.

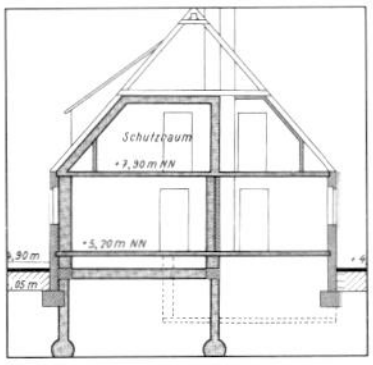

Die in die Hallighäuser eingebauten Schutzräume stehen auf Betonständern, die tief in der Warft gegründet sind. Die Fußbodenhöhe des Dachraums liegt bei rund acht Metern über NN, also rund sieben Meter über dem mittleren Hochwasser.

In jedes Wohnhaus wurde nun ein äußerst stabiler Schutzraum eingebaut, der auf tief im Warftgrund verankerten Betonpfeilern ruht. Falls eine schwere Sturmflut ein Hallighaus zum Einsturz bringen sollte, so verspricht man sich von diesem Schutzraum, daß in ihm die Hausbewohner die Flut unversehrt überstehen können.

Bereits wenige Jahre nach Abschluß der großen Halligsanierung stellte sich allerdings heraus, daß der Tourismus für die Halligbewohner eine weitaus lukrativere Perspektive darstellte, als es die stets förderungsbedürftige Landwirtschaft noch sein konnte. Schon Ende der sechziger Jahre setzte auf Hooge, etwas später dann auf Langeneß und anderen Halligen, eine mehr oder weniger stürmische Entwicklung ein, die dieser Perspektive Rechnung trug. Zunächst wurde jeder verfügbare Bodenraum als Gästequartier hergerichtet, und wo früher Kühe ihre Bleibe hatten, wurden Ferienwohnungen und andere Angebote für den Tourismus geschaffen. Insbesondere auf Hallig Hooge entwickelte sich die Gastronomie in einem nie vermuteten Ausmaß. Neben den vielen Urlaubsgästen strömten auch Tagestouristen zuhauf auf die „Königin der Halligen“. Immer größere Schiffe brachten immer mehr Gäste, auf die sich die Halligbewohner immer geschickter einstellten. Erfreuliche Folge dieser Entwicklung ist, daß der Tourismussektor längst zu einer tragfähigen Erwerbsgrundlage geworden ist. Nachdenklich stimmen indes Auswüchse des Massentourismus, die aber nicht nur auf Hooge, sondern auch in anderen Tourismusgebieten zu beobachten sind.

Auf Langeneß und den kleineren Halligen, deren Tourismusentwicklung bisher in relativ gemäßigten Bahnen verlaufen ist, sind aber immer noch unverfälschte Hallignatur und einige Besonderheiten zu entdecken. Diese gezielt zu nutzen und dem interessierten Gast auch darzubieten, eröffnet eine Perspektive für weitere Beschäftigungs- und Verdienstmöglichkeiten. Mit dem sehr interessanten Halligmuseum und einer im Aufbau befindlichen Salztorf-Ausstellung auf der Ketelswarft von Langeneß gibt es dafür bereits vielversprechende Ansätze. Hinzu kommen verschiedene Möglichkeiten einer naturverbundenen Urlaubsgestaltung, welche von den vielen naturkundlichen Angeboten, die im Rahmen des Nationalparks Wattenmeer sowie der Schutzstation Wattenmeer vorhanden sind, in erheblichem Maße profitieren können. Nicht zuletzt auch unter diesem Aspekt sind die Halligen immer noch Kleinode im Wattenmeer, deren touristische Nutzung allerdings erst durch aufwendige, staatlich getragene Sanierungsmaßnahmen möglich geworden ist. Mit dem damit häufig verknüpften Totalabriß alter Bausubstanz wurden Fehler gemacht, die es heute nach Möglichkeit zu korrigieren gilt. Dafür besteht im Rahmen der laufenden Warftverstärkungsmaßnahmen eine einmalige Chance – und zwar in Verbindung mit der „Dorfentwicklung". Dies bedeutet zugleich eine indirekte Förderung des Tourismus, von dem alle Halligen in Zukunft in noch größerem Maße als heute abhängig sein werden.

Helgoland – geheimnisvolles Restland

Guntram Riecken

Mit seinen auffallend roten Klippen ist Helgoland ein „Unikum in der Nordsee", ein naturkundliches Juwel weitab der Küste.
Mit dem vor rund 10 000 Jahren einsetzenden Meeresspiegelanstieg geriet allmählich auch das Gebiet von Helgoland in den Einflußbereich der Nordsee. Zuerst wurde die niedriger liegende Umgebung Helgolands überflutet. So wurde die Anhöhe von der Umgebung isoliert und lag nun wie eine riesige Schildkröte im Meer – um ein Vielfaches größer als heute. Konnten vorher nur Eis und Wind dem Felsen etwas anhaben, so kam jetzt noch die ständig verstärkende Brandung der jungen Nordsee hinzu, die seit dieser Zeit, in der die Insel immerhin noch das Zwanzigfache ihrer heutigen Größe besaß, an ihr „nagt". Dies geschah mit unterschiedlichen Auswirkungen auf das Felsgestein: Die weichen Kreideschichten im Osten und Westen fielen der Erosion zuerst zum Opfer. Im Bereich der härteren Buntsandstein- und Muschelkalk-Formationen bildeten sich widerstandsfähigere Steilküsten, die aber ständig zurückverlagert wurden. Dieser natürliche Prozeß wurde allerdings in erheblichem Umfang auch durch den Menschen beschleunigt.

Aus dem Untergrund „aufgetaucht"

Im Jahre 1938 brach man eine Erdölsuchbohrung auf Helgoland bei einer Tiefe von 3010 Metern resigniert ab. Durch Salz, Salz und nochmals Salz hatte man gebohrt, und ein Ende war nicht abzusehen. Die Salzlager-Verdunstungsrückstände aus der erdgeschichtlichen Zeit des Perm waren schon vor etwa 250 Millionen Jahren durch Austrocknung eines Urmeeres, des Zechstein-Meeres, entstanden. Etwa 200 Millionen Jahre später, im Ter-

Bei ruhiger See kann man sich kaum vorstellen, wie gefährdet Helgolands berühmte „Lange Anna“ bei Sturmfluten ist. Die weißen Streifen lassen ein Gefälle nach links erkennen.

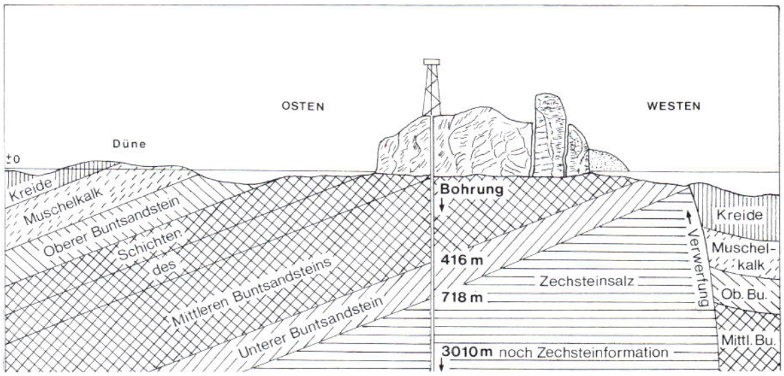

Der schematische Aufriß des geologischen Aufbaus der Insel Helgoland verdeutlicht, daß die Schräglage der Schichten weite Teile des Untergrunds der Insel erfaßt hat. Wie eine riesige Faust hat aufquellendes Zechsteinsalz die Landmasse nach oben gehoben.

tiär, drangen diese Schichten in sogenannten Salzdomen auf und übten infolge ihrer großen Plastizität auf die benachbarten Gesteinsschichten einen ungeheuren Druck aus, stets mit der Tendenz, sich durch Spalten und Brüche an die Erdoberfläche zu pressen. Die darüber lagernden Schichten wurden emporgehoben, gewölbt und dabei leicht gekippt. Folge war, daß die Erdkruste in einer ausgedehnten Schwächezone westlich des heutigen Helgoland aufbrach und ein mehrere hunderte Meter mächtiges Buntsandsteinpaket ans Tageslicht befördert wurde. Dieser Buntsandsteinfelsen mit seiner typischen roten Farbe bildet heute die Masse des Helgoländer Inselkörpers. Darauf lagerten sich im Laufe der Jahrmillionen die viel jüngeren Kalk- und Kreideschichten ab, die nun *neben* der schräg gestellten Buntsandsteinschicht auftauchten. So wurde das Bild des alten Helgoland von *zwei* Felsen geprägt: von dem roten aus Sandstein, dem Wester-Kliff, der tatsächlich ein Unikat darstellt, und einem weißen aus Muschelkalk, dem Witte-Kliff.

„Landschaftsgestaltung" durch Kalkgewinnung

Ursprünglich ragte also östlich des roten Felsens ein fast gleich hoher weißer Felsen aus Muschelkalk empor, in dessen Schutz sich aus seinem eigenen Erosionsmaterial ein Areal von Sanddünen hatte bilden können. Helgoländer Bürger legen Wert auf die Feststellung, daß es primär die Obrigkeit in Hamburg und in den Herzogtümern Schleswig und Holstein war, die angesichts des Baubooms in ihren Städten begehrliche Blicke auf den Kalkfelsen warf. Durch sie fühlten sich die damaligen Einwohner veranlaßt und ermuntert, die seinerzeit so überaus wertvollen Baumateria-

Oben: Helgolands Nordseite bei schwerer See. Seit fast 10 000 Jahren nagt die Brandung an den roten Klippen.
Rechts: Helgoland war im 17. und 18. Jahrhundert noch viel größer als heute. Die Landmasse des „Woal“ und des „Wittekliffs“ hing bis 1720 mit der Hauptinsel zusammen.

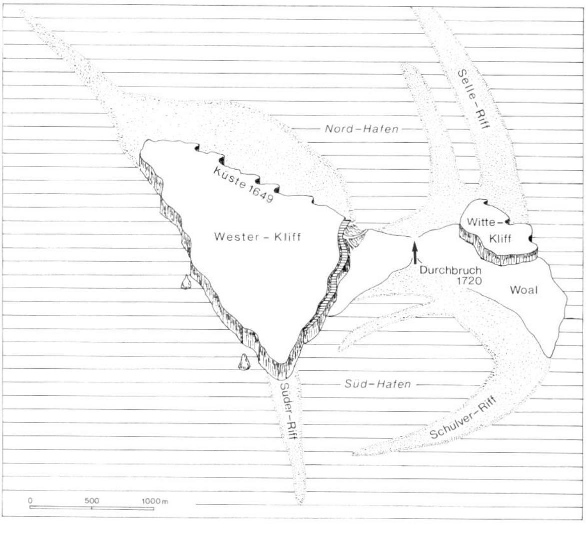

lien Kalkstein sowie Kalk und Gips abzubauen und aufs Festland zu verschiffen. Wirtschaftliche Not, auch als Folge der seit Mitte des 16. Jahrhunderts stark rückläufigen Erträge beim Heringsfang, und die Aussicht auf gesicherte Einkommen mögen den Entschluß, den eigenen Grund und Boden nach Hamburg und in die Herzogtümer zu verkaufen, wesentlich beeinflußt haben. Dieser verhängnisvolle Raubbau reichte bis in das 18. Jahrhundert hinein, als schließlich nur noch zwei freistehende Kalkfelsenreste übriggeblieben waren. Eine Sturmflut brachte auch diese kläglichen Relikte im Jahr 1711 zum Einsturz. Damit war das auf vielen alten Karten eingetragene Witte-Kliff verschwunden. Der schützende Kalksteinwall („Woal"), eine natürliche Verbindung zwischen dem Buntsandstein- und dem Kalkfels, zerbrach wenig später infolge einer weiteren Sturmflut. Nun waren die auf Muschelkalk- und Kreidefelsschichten lagernden Dünen den anbrandenden Wellen schutzlos ausgeliefert, so daß binnen kurzer Zeit von dem einst weitläufigen Areal nur noch sechs Hektar übrig waren. Die heutige Fläche von 70 Hektar ist auf künstliche Aufspülung zurückzuführen. Die Düne, zu der man zum Badevergnügen per Boot übersetzt, stellt heute einen entscheidenden Faktor für den Erholungstourimus dar.

Helgoland: das sagenumwobene Atlantis?

Es ist eine seit langem bekannte Tatsache, daß in der Schichtenfolge des Helgoländer Buntsandsteins mehrere kupferreiche Mineralien enthalten sind. Trotz einiger Indizien und verschiedener auf ihnen fußender Theorien konnte jedoch lange Zeit niemand sagen, ob man das abbauwürdige, dun-

kelrot glänzende Rotkupfererz (Cuprit), das in bis zu 15 Zentimeter dicken Bänken vorkommt, auch tatsächlich dort gewonnen und verhüttet hat.
Im Jahre 1971 machte der damalige Hafenmeister von Helgoland am Meeresgrund südlich des Felsens einen wichtigen Fund: Es handelte sich um mehrere runde bis ovale Scheiben aus Rotkupfer von zwei bis fünf Zentimeter Dicke und 15 bis 50 Zentimeter Durchmesser. Nun war die Frage zu klären, ob Helgoland die Produktionsstätte für dieses Kupfer gewesen sein könnte. Kieler Wissenschaftler haben in aufwendigen Untersuchungen tatsächlich eine große Übereinstimmung zwischen der Zusammensetzung der Kupferbarren und dem Kupfererz von Helgoland festgestellt. Andere Wissenschaftler halten dieses Ergebnis jedoch nicht für überzeugend und glauben, daß das Kupfer von einem untergegangenen Schiff stammt.
Gemäß den Vertretern der Helgoland-Kupfer-These gilt es als gesichert, daß die Kupferscheiben zwischen 1140 und 1340 n. Chr. auf Helgoland produziert wurden – ein späterer Zeitraum kommt wohl nicht mehr in Frage, da ab dieser Zeit schriftliche Hinweise vorhanden sein müßten. Dagegen können der Abbau und die Verhüttung des Helgoländer Kupfers aber bereits sehr viel früher betrieben worden sein – möglicherweise schon in der Bronzezeit (vor ca. 2500–3800 Jahren), denn wie sonst ist es erklärlich, daß in den zahlreichen frühbronzezeitlichen Grabhügeln, die auf Helgoland-Karten des ausgehenden 16. Jahrhunderts noch eingetragen sind, neben Kupfererzeugnissen auch wertvolle Goldgegenstände, die insgesamt auf großen Wohlstand schließen lassen, gefunden wurden? War das zu jener Zeit vermutlich äußerst lukrative Geschäft mit dem Kupfer gar die eigentliche Antriebsfeder

für die Besiedelung eines derart abgelegenen Felsens? Solche Fragen riefen interessante Spekulationen hervor, die ihren Höhepunkt Anfang der fünfziger Jahre erreichten. Der im nordfriesischen Breklum beheimatete Pastor Jürgen Spanuth stellte die Hypothese auf, Helgoland sei in der Bronzezeit das von Plato beschriebene Atlantis gewesen.

Ein zweites Mal „aufgetaucht" – vom Trümmerfeld zum Urlauberparadies

Klirrende Fensterscheiben, klappernde Türen und wankendes Mobiliar – dies bleibt für den Verfasser unvergeßlich, der in einem kleinen Dorf Norderdithmarschens, etwa 80 Kilometer Luftlinie von Helgoland entfernt, am 18. April 1947 um zwölf Uhr mittags von den Druckwellen einer ungeheuren Sprengung aufgeschreckt wurde, die – wie später zu erfahren war – selbst noch in den Alpen registriert wurde. Das war jedoch nur der Auftakt für weitere Sprengungen und Übungsbombardements, die die britische Luftwaffe bis in das Jahr 1952 hinein auf der evakuierten Felseninsel fortsetzte. Dabei wurden Zerstörungen in einem solchen Ausmaß verursacht, daß die Erosionskräfte des Meeres wohl Jahrhunderte dafür gebraucht hätten. Am 1. März 1952 erfolgte dann die Freigabe der Insel durch die Briten. Damit konnte endlich auch auf Helgoland, das zu diesem Zeitpunkt einer wüsten Mondlandschaft glich, der Wiederaufbau der Nachkriegszeit beginnen. Im Jahre 1826 – Helgoland war seinerzeit britische Kronkolonie – war die Insel zu einem Seebad erhoben worden. Die frische, staub- und pollenarme Nordseeluft lockte viele Urlauber an. Unter ihnen war auch der Dichter Hoffmann von Fallersleben, der hier 1841 den Text unserer heutigen Nationalhymne dichtete. Aus dem Geschichtsunterricht ist vielleicht auch noch das „Helgoland-Sansibar-Abkommen“ präsent, mit dem Großbritannien 1890 dem Deutschen Reich die Insel im Tausch gegen Sansibar überließ. Kaum war Helgoland unter die Fittiche des Deutschen Reichs genommen, folgte 1892 die Gründung der „Biologischen Anstalt“, später dann die der „Vogelwarte Helgoland“.

Das Jahr 1952 stellte im wahrsten Sinne des Wortes ein „Jahr Null“ für Helgoland dar. Einerseits fiel es zu diesem Zeitpunkt äußerst schwer, daran zu glauben, daß beim Wiederaufbau an die Seebadvergangenheit und die Forschungstradition der „Biologischen Anstalt“ und der „Vogelwarte Helgoland“ würde angeknüpft werden können. Andererseits gab es kaum eine andere Wahl, da Fischerei und Seefahrt allein keine Existenzgrundlage mehr boten.

Das heute vorliegende Ergebnis ist um so beeindruckender: Die Insel ist nicht nur erneut zu einem bedeutenden Schutzhafen für Fischereifahrzeuge und Sportboote in der Deutschen Bucht geworden, sondern ebenso zu einer lebendigen Gemeinde. Zu deren herausragenden Merkmalen zählen eine Meerwasserentsalzungsanlage, ein Energieversorgungskonzept mit Wärmepumpen und zentraler Fernwärmeversorgung und nicht zuletzt die Autofreiheit der Insel. Etwa zwei Drittel der Bevölkerung leben vom Tourismus. Im Jahre 1999 stellten die 1550 Helgoländer für knapp 50 000 angereiste Urlaubsgäste über 2000 Betten zur Verfügung. Zu den fast 300 000 Übernachtungen kam noch der Besuch von etwa 493 000 Tagesgästen hinzu. Diese wenigen Zahlen signalisieren die überragende wirtschaftliche

Bedeutung des Tourismus für die Insel. Um so beunruhigender waren die in den achtziger Jahren rückläufigen Übernachtungszahlen sowie die bis 1997 sich verkürzende durchschnittliche Verweildauer der Urlaubsgäste. Diese Alarmzeichen wurden aber richtig gedeutet und waren Anlaß für die Erarbeitung neuer Konzepte, denen mit dem Werbeslogan „Frischer Wind für Helgoland“ Ausdruck verliehen wird. Angesichts der hervorragenden klimatischen Verhältnisse und der überaus günstigen Umweltbedingungen setzt Helgoland nunmehr verstärkt auf ein präventives Gesundheitskonzept, das vor allem der Vorbeugung von Allergien und umweltbedingten Krankheiten gilt. Auch dem Bildungstourismus wird mehr Aufmerksamkeit gezollt, wofür Helgoland als ein hochinteressantes Natur- und Kulturdenkmal die besten Voraussetzungen bietet. Die Helgoländer Kurverwaltung setzt klare Zeichen, indem sie zu den Themenfeldern Natur, Kultur und Geschichte Rundwege anlegte, zu denen informative Begleitmaterialien zur Verfügung gestellt werden. In diesem Zusammenhang sei auf die renommierten ozeanographischen, biologischen und meteorologischen Forschungseinrichtungen verwiesen, die ihre Arbeit auf Helgoland längst wiederaufgenommen haben und außerdem einen wichtigen Beitrag zum weitgehend saisonunabhängigem Bildungs- bzw. Wissenschaftstourismus leisten. Daß Helgoland ein weiteres Mal „auftauchen“ konnte, ist nicht nur dem Fleiß und Ideenreichtum seiner Einwohner zuzuschreiben, sondern ebenso den umfangreichen, staatlich getragenen Küstenschutzmaßnahmen, die seit Anfang unseres Jahrhunderts mit aufwendigen Mauerbauten den Felssockel gesichert und so immer wieder zur Stabilisierung der sturmumtosten Insel beigetragen haben. Dennoch, eines Tages wird Helgoland in der beständigen Nordseebrandung wieder „abtauchen“. Damit wäre dann der Kreislauf von Werden und Vergehen, dessen ehernem Naturgesetz Helgoland vor etwa 60 Millionen Jahren sein „Auftauchen“ verdankte, geschlossen.

Deiche schützen die nordfriesische Festlandsküste

Thomas Steensen

Die nordfriesische Marsch mag dem sommerlichen Besucher als stille Küste erscheinen. Im Herbst und Winter fegen dagegen Stürme über Land und See und treiben das Wasser gegen die Deiche. Sie sind die Schutzwälle des Menschen gegen die Gewalten der Natur und bilden zugleich auch mit ihrer langen horizontalen Linie eine Kulisse, die den Blick auf das Meer versperrt. Jenseits liegt die Welt des Wattenmeeres, das seiner Einzigartigkeit wegen im Jahre 1985 zum Nationalpark erklärt wurde. Die amphibische Wattlandschaft, die sich täglich zweimal als Meer und als Land zeigt, ist nichts anderes als untergegangene Marsch. Als „Friedhof der Marschen“ wird das Watt zu Recht bezeichnet. Kundige Wattwanderer finden manchmal Kulturspuren wie Brunnenringe, Warftreste, Tonscherben oder Linien, die vor Jahrhunderten von Pflügen gezogen wurden.

Nach Osten hin stößt die Marsch an die höher gelegene Geest. Das sandige Land wurde einst bedeckt von weiten Heideflächen, die großenteils erst seit Ende des 19. Jahrhunderts kultiviert wurden. Heute sind nur noch kleine Reste übriggeblieben, ebenso von den Mooren, die fast ganz abgegraben und trockengelegt wurden. Nur an einer einzigen Stelle an der nordfriesischen Festlandsküste stößt die Geest unmittelbar ans Meer: in Schobüll nördlich von Husum. Hier ist ein Deich nicht nötig, so daß sich freie Sicht auf die Nordsee bietet. Der sichere Geestrand wurde von den Friesen vor allem nach der verheerenden Sturmflut von 1362 besiedelt. Sie berührten dabei das Siedlungsgebiet der dort ansässigen jütisch-dänischen Bevölkerung. Hier, am Saum der Geest und somit an einer „Lebensader“ Nordfrieslands, liegen die meisten größeren Ortschaften.

Das Meerwasser läuft auf diesem Gemälde von Albert Johannsen nach einem Foto von Andreas Busch von der Sturmflut vom 18. Oktober 1936 über die Deichkrone in den Koog im Nordwesten von Nordstrand. Typisch ist der zungenförmige Verlauf des Wasserschwalls.

Durch die Jahrhunderte war das nordfriesische Festland Agrarland. Städte bildeten sich hier nicht oder erst sehr spät. Tondern erhielt zwar bereits 1243 die Stadtrechte, lag aber im Norden außerhalb des friesischen Siedlungsgebiets. Während des Mittelalters entwickelte sich hier kein Ort zu einer Stadt. Erst 1590 wurden Garding und Tönning in der reichen Landschaft Eiderstedt und 1603 Husum mit dem 1582 fertiggestellten Schloß und dem bedeutenden Hafen zu Städten erhoben. Die gottorfische Neugründung Friedrichstadt im Jahre 1621 erfüllte nicht die hochfliegenden Erwartungen des Herzogs Friedrich III., die Stadt könne als Handelszentrum sogar Hamburg Konkurrenz machen; vor allem als religiöse Freistatt gewann Friedrichstadt Bedeutung. Fast drei Jahrhunderte vergingen, bis auch Bredstedt sich 1900 als Stadt bezeichnen durfte. Der Flecken am Geestrand hatte im 19. Jahrhundert zeitweise Mittelpunktfunktionen für ganz Nordfriesland erfüllt. Schließlich wurde 1960 auch Niebüll zur Stadt, eine Spätfolge der Volksabstimmung von 1920, als die Kreisstadt Tondern an Dänemark abgetreten wurde und nur „Südtondern" bei Deutschland verblieb.

Ob einer in der zumeist fruchtbaren Marsch oder auf der eher kargen Geest lebte, das machte einen gewaltigen Unterschied aus. Der Reiseschriftsteller Johann Georg Kohl notierte in der Mitte des 19. Jahrhunderts über einen Besuch in Nordfriesland: „Der Gegensatz zwischen Marsch und Geest wird ... hier zu Lande immer besprochen und beschäftigt alle Leute. Einem rechten Marschbewohner zerfällt fast die ganze Welt in Geest und Marsch. Mir erzählte jemand, ein Marschbewohner hätte ihn gefragt, ‚ob Sachsen ein Geest- oder ein Marschland sei'."

Sturmflut am Deich von Dagebüll, der sich eben rechts außerhalb des Bildes befindet. Der Schaumstreifen verrät die Kampfzone zwischen Land und Meer.

Kaum eine andere Landschaft ist so stark vom Menschen geprägt wie die Marsch. „Gott schuf das Meer, der Friese die Küste." Dieses Wort, dessen Ursprung unbekannt ist, überhöht sicherlich die Leistung der Friesen, enthält aber einen wahren Kern. Das Marschland liegt großenteils so niedrig, daß es von der Nordsee überspült würde, schützte man es nicht durch Erddämme.
Das nordfriesische „Festland", das damals ganz anders aussah als heute, wurde im 11. Jahrhundert von Friesen besiedelt, die von der südlichen Nordseeküste hierher kamen. „Kleinfriesland" wurde das Gebiet zunächst genannt, später bürgerte sich die Bezeichnung Nordfriesland ein. Die Friesen kultivierten die Hochmoore und Schilfsümpfe, die sich zwischen einem Uferwall im Westen und dem Geestrand im Osten befanden. Wohlstand brachte im Mittelalter neben der Landwirtschaft vor allem die Gewinnung des „friesischen Salzes". Es wurde aus dem Torf ausgebrannt, der in mächtigen Schichten im gesamten Marschland vorhanden war.
Der ansteigende Meeresspiegel erzwang von etwa 1100 an den Bau von Deichen zum Schutz des bewirtschafteten Landes. Die ersten dieser Erdwälle waren kaum mehr als einen Meter hoch. Ihre Häuser errichteten die Friesen auf aufgeworfenen Erdhügeln. Noch heute stehen viele der großen Bauernhöfe oder auch mehrere kleine Häuser auf diesen Warften, die im weiten Land wie Burgen wirken. Sicherlich hat die vereinzelte, abgeschlossene Siedlungsweise auch die Mentalität der Menschen stark beeinflußt. Stolze, unabhängig denkende Bauern lebten hier. Dem schon genannten Reiseschriftsteller Kohl erschien es, „als wenn hier das wahre Geburtsland des englischen Sprichworts ‚my home is my castle' sein müßte".

Der Deichbau

Wer aufmerksam durch die nordfriesische Marsch fährt – das Fahrrad ist hier das geeignete Fortbewegungsmittel, denn Steigungen gibt es keine und nur der Wind kann das Vorankommen erschweren –, der wird viel von der Geschichte Nordfrieslands entdecken, die auch die Gegenwart mitbestimmt. Von vergangenen Sturmfluten künden an den Deichen Wehlen, tiefe, teichähnliche Kuhlen, die bei Deichbrüchen durch das hereinstürzende Wasser ausgehöhlt wurden. Der ansonsten zumeist gerade Verlauf der Deichlinie wird an solchen Stellen durch einen „Halbmond" unterbrochen. Die unterschiedlich hohen Deichlinien weisen auf den im Lauf der Jahrhunderte steigenden Meeresspiegel hin und zeigen die Entwicklung der Deichbautechnik auf. Die „Schlafdeiche" in der dritten oder sogar vierten Linie haben heute keine Schutzfunktion mehr. Aber in den Mitteldeichen der zweiten Linie finden sich Durchlässe für die Straßen und Wege („Stöpen"), die im Falle der Überflutung des vorgelagerten Koogs durch Balken und Sandsäcke geschlossen werden können.
Viele Geschichten, wahre und erfundene, ranken sich um den Deichbau und mit ihm verbundene Personen. Da wurden von frühneuzeitlichen Chronisten erste Eindeichungsdaten gepriesen, die ihrer Phantasie entsprangen, aber bis in die Gegenwart als Realität angesehen wurden. Ein Koog in Eiderstedt, der angeblich älteste Nordfrieslands, feierte vor einigen Jahren sein tausendjähriges Bestehen; nach neuesten Untersuchungen kann er aber nicht vor dem 12. Jahrhundert eingedeicht worden sein.
Da sind die Prophezeiungen der Hertje von Horsbüll vom Anfang des 15. Jahrhunderts, die so-

wohl den erfolgreich geschlossenen „goldenen Ring“ um die Wiedingharde wie auch fehlschlagende Eindeichungen mit vielen Menschenopfern vorausgesagt haben soll. Da gibt es schon zu Anfang des 17. Jahrhunderts regelrechte Streiks der Deicharbeiter, damals „Laway“ genannt; einige Aufrührer wurden erhängt oder erschossen. Zu erwähnen sind auch zwei reiche Hamburger Kaufleute, die Brüder Amsinck, die bei Bedeichungen im Gebiet der nach ihnen benannten Hamburger Hallig, damals noch zu Alt-Nordstrand gehörig, ihr Vermögen einbüßten. Mehr Glück hatte Jean Henri Desmercières, ein reicher Finanz- und Wirtschaftsmann aus Dänemark, der als unehelicher Sohn eines wohlhabenden Hugenotten und einer Modehändlerin aus der Rue de Mercières in Paris geboren wurde. Dank seines Vermögens und seiner klugen Vorgehensweise gelang ihm, was dem dänischen König Christian IV. im 17. Jahrhundert nicht geglückt war. Er gewann zwischen 1741 und 1771 zwei Köge in der weiten Bucht vor Bredstedt und einen auf Nordstrand. Seine Zeitgenossen beeindruckte dabei vor allem die flache Böschung der Deichseeseite – ein Motiv, das Theodor Storm im „Schimmelreiter“ aufnahm. Und nicht zu vergessen Sönke Nissen aus dem kleinen friesischen Dorf Klockries, den Diamantenfunde beim Eisenbahnbau in der deutschen Kolonie Südwestafrika zum reichen Mann machten. Einen Teil seines Vermögens brachte er in die Bedeichung des nach ihm benannten Sönke-Nissen-Koogs ein, dessen Baubeginn im Jahre 1924 er jedoch nicht mehr erlebte. Mit diesem Koog wurde zum letztenmal neues Land auf bäuerliche Initiative hin und in genossenschaftlicher Weise gewonnen.
Die Selbstverantwortung im wahrhaft existentiellen Bereich des Deichbaus und der Deichunterhal-

Oben: Ein moderner Landesschutzdeich der ersten Deichlinie trotzt an der nordfriesischen Küste dem Sturm. Das Wasser hat gerade die Fußsicherung erreicht.
Rechts: Deichfußwerk während einer mittleren Sturmflut

tung führte zu Verwaltungs- und Rechtsformen, die selbst in absolutistischer Zeit ein hohes Maß an regionaler Unabhängigkeit gewährleisteten. Die Landschaft Eiderstedt mit ihrer ausgeprägten Selbstverwaltung ist dafür das hervorragende Beispiel.
Das gemeinschaftliche Prinzip des Deichbaus an den friesischen Küsten nötigte manchem Bewunderung ab. Goethe selbst nennt es im zweiten Teil seines „Faust" nicht anders als „der Weisheit letzter Schluß". Er läßt Faust sagen:

„Im Innern hier ein paradiesisch Land,
Da rase draußen Flut bis auf zum Rand,
Und wie sie nascht, gewaltsam einzuschießen,
Gemeindrang eilt, die Lücke zu verschließen.
Ja, diesem Sinne bin ich ganz ergeben,
Das ist der Weisheit letzter Schluß:
Nur der verdient sich Freiheit wie das Leben,
Der täglich sie erobern muß."

Vor einer Verklärung des Gemeinsinns der friesischen Marschenbewohner sei jedoch gewarnt. In den Deichangelegenheiten herrschte viel Streit, wurden heftige Auseinandersetzungen um handfeste Interessen ausgetragen.
Zu Goethes Zeit war das genossenschaftliche Prinzip ohnehin schon stark eingeschränkt.
Im Laufe der Jahrhunderte hatte der staatliche Einfluß auf den Deichbau mehr und mehr zugenommen. Die frühneuzeitlichen Landesherren erkannten, daß mit der Gewinnung fruchtbaren Marschlandes in Zeiten landwirtschaftlicher Konjunkturen durchaus Geld zu verdienen war. Andererseits scheuten sie das mit Deichbauten verbundene Risiko. Häufig vergaben sie deshalb „Oktrois" an kapitalkräftige Unternehmer,

zumeist Adlige und vielfach auch finanzstarke Fachleute aus den Niederlanden. Darin gewährten sie im einzudeichenden Koog hoheitliche Rechte und die Befreiung von Abgaben. Verzichteten sie damit auch zunächst auf Steuereinnahmen, so kurbelten sie doch die Wirtschaft in ihrem Staat an.
Auch die Deichunterhaltung oblag zunächst ausschließlich den Koogbauern. Es galt das Spadelandsrecht. Jeder war für einen bestimmten Abschnitt zuständig. Überstieg dessen Instandhaltung seine Kraft, so wurde der Spaten in den Deich gesteckt. Wer ihn herauszog, übernahm mit dem Land auch die Pflicht zur Deicharbeit. Auch auf diesem Gebiet nahm der staatliche Einfluß mehr und mehr zu. Den Schlußpunkt bildete das Jahr 1971, als die Unterhaltung und Wiederherstellung der Seedeiche vollständig auf das Land Schleswig-Holstein übergingen. Die Deichgrafen, die Erben Hauke Haiens mit dem stolzen Titel, sind seitdem nur noch für die Binnendeiche und die Entwässerung zuständig.
Schon lange wird in Nordfriesland keine Landgewinnung mehr betrieben. Der letzte ausschließlich zu diesem Zweck eingedeichte Koog war der Friedrich-Wilhelm-Lübke-Koog südlich des Sylter Damms im Jahre 1954. Seither hat die Überproduktion in der Landwirtschaft die Landgewinnung ökonomisch unsinnig gemacht. Ökologische Rücksichten kamen seit den 1970er Jahren hinzu. Die letzten großen Eindeichungen wurden allein mit der Verbesserung des Küstenschutzes und der Entwässerung begründet. Der Beltringharder Koog, der 1987 die Nordstrander Bucht schloß und Nordstrand zu einer Halbinsel machte, konnte dennoch nur gegen vehemente Proteste vieler Naturschützer durchgesetzt werden und wurde als

Naturschutzgebiet ausgewiesen. Damit gewinnt der Deichbau nach Jahrhunderten eine neue Qualität. Die neuen Deiche schützen nicht mehr Neuland für eine expandierende Landschaft, sondern bewahren das Erreichte für Mensch und Natur. Das wird aber nicht Stagnation bedeuten. Da die Herausforderung der Natur wächst, bleiben Deichpflege und Deichverstärkung immerwährende Aufgaben, deren Bedeutung sogar noch zunimmt.

Die Stelzenbauten mit ihren Restaurants, DLRG-Posten und Lagerräumen sind ein Wahrzeichen der Strände St. Peter-Ordings. Dieses Sturmflut-Foto zeigt, warum sie so hoch über den Meeresspiegel aufragen.

SOS – Kurs Menschen retten!

Andreas Lubkowitz

Ein naßkalter Novembertag: Im dichten Nebel kollidieren zwei Containerschiffe. Als wenig später der Seenotkreuzer der Deutschen Gesellschaft zur Rettung Schiffbrüchiger (DGzRS) an der Unglücksstelle eintrifft, steht ein Havarist bereits in Flammen. Den Rettungsmännern gelingt es, 15 Besatzungsmitglieder in Sicherheit zu bringen; für zwei weitere Seeleute kommt allerdings jede Hilfe zu spät.

Zweiter Weihnachtstag, drei Uhr morgens: Auf der Nordsee, etwa 18 Seemeilen vor Borkum, brennt erneut ein Frachter. Zwei Seenotkreuzer nehmen Kurs auf den Unglücksort. An Bord weiß man, daß auf die Besatzung des Seenotkreuzers eine besondere Herausforderung wartet, denn das Schiff hat gefährliche Güter geladen. Zunächst gelingt es, 16 Seeleute zu bergen; nach mehreren Stunden ist schließlich auch das Feuer unter Kontrolle.

Ein klarer, sonniger Frühlingsmorgen: Die leichte Brise hat zahlreiche Freizeitskipper hinaus auf See gelockt. Am Nachmittag jedoch verschlechtert sich das Wetter – südwestliche Winde mit Stärke 8 fegen über die Ostsee. Zwölf Einheiten der DGzRS zwischen der Flensburger Förde und der Pommerschen Bucht sind bis spät in die Nacht hinein auf Such- und Rettungsfahrt für 18 Sportboote und mehrere Fischkutter.

Und auch das gibt es: Bei einer Frau auf der Insel Langeoog haben die Wehen zwei Wochen zu früh eingesetzt. Der Transport zum Festland zur medizinischen Betreuung ist dringend erforderlich. Jetzt kommt nur noch der Seenotkreuzer in Frage. Das Boot läuft „volle Kraft voraus“, und dennoch: Etwa auf halber Strecke, im Wattenmeer, kommt das Mädchen im Bordhospital des Seenotkreuzers zur Welt. „Mutter und Kind wohlauf“,

melden stolz die Rettungsmänner und übergeben wenig später die beiden im Hafen an den herbeigerufenen Rettungstransportwagen.
Diese Beispiele beleuchten schlaglichtartig die Arbeit der DGzRS. Wann immer in unseren Gebieten von Nord- und Ostsee Menschen in Gefahr sind, kommt sie zum Einsatz. Das Rettungswerk mit Sitz seiner Zentrale in Bremen ist zuständig für den Such- und Rettungsdienst (SAR = Search and Rescue) im Seenotfall. Die DGzRS führt diesen SAR-Dienst unabhängig, eigenverantwortlich und auf privater Basis durch, seit dem 3. Oktober 1990 auch wieder an der Küste Mecklenburg-Vorpommerns.

Vom Ruderboot zum Seenotkreuzer

Doch werfen wir einen Blick zurück auf die Gründungsgeschichte der DGzRS. Im November 1854 strandet vor Spiekeroog im schweren Herbststurm das Auswandererschiff „Johanne“. 84 Menschen ertrinken in der tosenden See. Ein weiterer spektakulärer Seenotfall ereignet sich sechs Jahre später, im September 1860. Die Brigg (kleines Segelschiff) „Alliance“ läuft auf das gefürchtete Borkum-Riff und sinkt. Von der Besatzung des Seglers überlebt niemand. Nach Schätzungen gerieten damals jährlich mehr als 50 Schiffe allein vor den Inseln der deutschen Nordsee in Seenot. Mangelnde Organisation und Ausrüstung und das noch ausgeübte Strandrecht verhinderten zu jener Zeit in fast allen Fällen Rettungsmaßnahmen für Schiffbrüchige.
Von derartigen Schiffskatastrophen bewegt, forderten der Navigationslehrer Adolph Bermpohl und der Advokat C. Kuhlmay aus Vegesack in einem Appell an die Bevölkerung erstmals die

Gründung eines Seenotrettungswerks in Deutschland. Sie fanden Mitstreiter in dem Bremer Redakteur Dr. Arwed Emminghaus und dem Emdener Oberzollinspektor Georg Breusing. Am 2. März 1861 wurde schließlich in Emden der erste „Verein zur Rettung Schiffbrüchiger in Ostfriesland" mit Rettungsstationen auf Langeoog und Juist gegründet. Vier Jahre darauf waren die Verfechter und Wegbereiter eines einheitlichen deutschen Seenotrettungswerks am Ziel: Am 29. Mai 1865 wurde in Kiel die Deutsche Gesellschaft zur Rettung Schiffbrüchiger ins Leben gerufen. Ihren Sitz hat sie seitdem in Bremen, ihr erster Vorsitzender war der Bremer Kaufmann und Gründer des Norddeutschen Lloyd, Konsul H. H. Meier. Die Rettungsstationen waren zunächst mit einfachen Apparaten zum Abschuß von Leinenraketen, Hosenbojen und offenen Ruderbooten ausgestattet.
Ab 1911 unternahm man erste Versuche mit Benzinmotorbooten, die wenig erfolgreich verliefen. Mit der Entwicklung robuster und raumsparender Dieselaggregate nach dem Ersten Weltkrieg erfolgte die Umstellung auf gedeckte Motorboote. Während des Zweiten Weltkriegs fuhr die DGzRS-Rettungsflotte – gekennzeichnet mit dem Roten Kreuz und unter dem Schutz der Genfer Konvention – zahlreiche Einsätze. Nach Kriegsende setzte die DGzRS den Rettungsdienst in der Bundesrepublik Deutschland fort. Der Seenotrettungsdienst in der DDR war hingegen staatlich organisiert. 1957 wurde in Anwesenheit des damaligen Schirmherrn der Gesellschaft, Bundespräsident Theodor Heuss, ein Seenotkreuzer auf dessen Namen getauft. Mit der Indienststellung der „Theodor Heuss" begann eine neue Ära im Bau vielseitig einsetzbarer Rettungsboote.

Die dramatische Aktion einer Seenotrettung zeigt dieses historische Foto aus dem 19. Jahrhundert. Die Rettungsmänner rudern auf das havarierte Schiff zu, nachdem das Rettungsboot mit einem Pferdewagen ans Wasser transportiert worden ist.

Die Aufgaben der Gesellschaft heute

Zur Erfüllung ihrer vielfältigen Aufgaben verfügt die Gesellschaft heute über eine Rettungsflotte von 59 modernen, leistungsstarken Seenotkreuzern und Seenotrettungsbooten auf 53 Stationen zwischen der Emsmündung im Westen und der Pommerschen Bucht im deutsch-polnischen Grenzgebiet. Die 180 fest angestellten und rund 700 freiwilligen Rettungsmänner sind bei jedem Wetter und zu jeder Zeit zum Einsatz bereit.
Alle Such- und Rettungsmaßnahmen der DGzRS-Flotte, aber auch der übrigen beteiligten Schiffe und Hubschrauber, werden von der „Seenotleitung Bremen" der DGzRS zentral koordiniert und überwacht.
Allein 1999 haben die Seenotretter 2532 Einsatzfahrten durchgeführt und dabei 373 Menschen aus Seenot sowie weitere 1319 Personen aus kritischen Situationen befreit. Seit Gründung der Gesellschaft verdanken 65 000 Schiffbrüchige ihr Leben dem schnellen Einsatz der Seenotretter.
Die Arbeit des deutschen Seenotrettungsdienstes wird nur von freiwilligen Mitgliedsbeiträgen und Spenden aus allen Teilen des Landes finanziert.
Die DGzRS, deren Schirmherr der jeweilige Bundespräsident ist, beansprucht zur Erfüllung ihrer Aufgaben keinerlei staatlich-öffentliche Zuschüsse.
Heute zählt die Rettungsflotte der DGzRS zu den modernsten und leistungsfähigsten der Welt.
Trotz aller eingesetzter Technik gilt, daß im Mittelpunkt nach wie vor der Mensch steht. Die grundlegende Voraussetzung bleibt die ständige Bereitschaft erfahrener Rettungsmänner zum selbstlosen, aufopferungsvollen Einsatz.

Ein modernes Rettungsboot der DLRG kämpft sich durch meterhohe Wellen. Es ist speziell für schweren Seegang konstruiert und gilt als sehr sicheres Fahrzeug. Nordseewellen sind nach neueren Messungen höher, als noch vor 30 Jahren angenommen. Sie können mehr als acht Meter an der Küste und zwölf Meter in der offenen Nordsee erreichen.

Literaturverzeichnis

Arends, Fridrich: Physische Geschichte der deutschen Nordsee-Küste, Emden 1833

Bantelmann, Albert: Die Landschaftsentwicklung an der schleswig-holsteinischen Westküste, dargestellt am Beispiel Nordfriesland, Die Küste 14/2, Heide 1966

Bantelmann, Albert: Die Landschaftsentwicklung an der schleswig-holsteinischen Westküste, Neumünster 1967

Bantelmann, Albert, Rolf Kuschert, Albert Panten und Thomas Steensen: Geschichte Nordfrieslands, 2. Aufl., Heide 1996

Behre, Karl-Ernst: Meeresspiegelbewegungen und Siedlungsgeschichte in den Nordseemarschen, Vorträge der Oldenburgischen Landschaft 17, 47 S., Oldenburg 1987

Behre, Karl-Ernst: Kleine historische Landeskunde des Elbe-Weser-Raumes, 63 S., Stade 1994

Brandt, Klaus: Archäologische Untersuchungen in hochmittelalterlichen Seehandelsorten an der Nordseeküste zwischen Ems- und Wesermündung. Lübecker Schriften zur Archäologie und Kulturgeschichte 7, S. 111-117, Bonn 1983

Busch, Andreas: 50 Jahre Rungholtforschung. Die Heimat Nr. 6, 78. Jahrgang, S. 153 ff., 1971

Danckwerth, Caspar: Newe Landebeschreibung der zwey Herzogthümer Schleswich und Holstein, 1652, o. O.

Danmarks historie, redig. af A. E. Christensen, H. P. Clausen, S. Ellehøj, S. Mørch, Bd. 1: Tiden indtil 1340, København 1977

Degn, Christian: Schleswig-Holstein, eine Landesgeschichte. Historischer Atlas, Neumünster 1995

Deutscher Verband für Wasserwirtschaft und Kulturbau, Autorenkollektiv (Hrsg.): Historischer Küstenschutz. Deichbau, Inselschutz und Binnenentwässerung an Nord- und Ostsee, Stuttgart 1992

EAU: Empfehlungen für die Ausführung von Küstenschutzwerken, in: Die Küste, H. 55, Westholsteinische Verlagsanstalt Boyens u. Co., Heide 1993

Fiedler, Walter: Helgoland, 7. Aufl., Breklum 1994

Friedrichs, K.: Umkämpftes Helgoland – Der Leidensweg eines Inselvolkes, 2. Aufl., 1991

Führböter, A. und H. Dette: Sandvorspülungen vor der Westküste von Sylt, in: die Küste, H. 53, Westholsteinische Verlagsanstalt Boyens u. Co., Heide 1992

Haarnagel, Werner: Die Grabung Feddersen Wierde. Feddersen Wierde 2, 364 S. + Tafelband, Wiesbaden 1979

Haensel, Bernhard und Horst D. Schulz: Frühe Kupfer-Verhüttung auf Helgoland, in: Spektrum der Wissenschaft, Februar 1980

Hansen, Reimer: Beiträge zur Geschichte und Geographie Nordfrieslands im Mittelalter, in: Zeitschr. d. Gesellschaft für Schleswig-Holsteinische und Lauenburgische Geschichte, Jg. 24 (1892), S. 1-92

Hillmer, G., Chr. Spieth und W. Weitschat: Helgoland – Portrait einer Felseninsel, 1979

Hinrichs, Boy, Albert Panten und Guntram Riecken: Flutkatastrophe 1634. Natur, Geschichte, Dichtung, 2. Aufl., Neumünster 1991

Hoffmann, Dietrich: Landschafts- und Siedlungsgeschichte im südlichen nordfriesischen Marschengebiet und Wattenmeer, in: Michael Müller-Wille/Dietrich Hoffmann (Hrsg.): Der Vergangenheit auf der Spur, S. 39 ff., Neumünster 1992

Kossack, Georg, Karl-Ernst Behre und Peter Schmid (Hrsg.): Archäologische und naturwissenschaftliche Untersuchungen an ländlichen und frühstädtischen Siedlungen im deutschen Küstengebiet vom 5. Jahrhundert v. Chr. bis zum 11. Jahrhundert n. Chr., Band 1: Ländliche Siedlungen, 461 S., Weinheim 1984

Kramer, Johann: Kein Deich, kein Land, kein Leben. Geschichte des Küstenschutzes an der Nordsee, Verlag G. Rautenberg, Leer 1989

Kramer, Johann und Hans Rohde (Bearbeiter): Historischer Küstenschutz, Stuttgart 1992

Kunz, Harry und Albert Panten: Die Köge Nordfrieslands, Bredstedt 1997

Lengsfeld, Klaus (Hrsg.): Halligleben um 1900, Heide 1968

Lorenzen, Jens (Hrsg.): Die Seefahrtsepoche der Halligen. Eine Sammlung von Berichten über die Lebensverhältnisse auf den Halligen vom 17. bis zum 19. Jahrhundert (Zitat am Beginn: S. 186), Hamburg 1983

Meier, Dirk: Die Neubesiedlung der Dithmarscher Seemarsch und der Wandel der Kulturlandschaft. Kölner Geographische Arbeiten 66, S. 97-108, 1995

Müller, Friedrich und Otto Fischer: Das Wasserwesen an der schleswig-holsteinischen Westküste. Erster Teil: Die Halligen, Bd. I u. II, Berlin 1917

Müller-Wille, Michael, Bodo Higelke, Dietrich Hoffmann, Burchard Menke, Arthur Brande, Klaus Bokelmann, Hilke Elisabeth Saggau und Hans Joachim Kühn: Landschaftsentwicklung und Siedlungsgeschichte im Einzugsgebiet der Norderhever (Nordfriesland). Offa-Buch 66, 232 S. + Beilagen, 1988

Panten, Albert: [Wolfgang Laurs Historisches Ortsnamenlexikon von Schleswig-Holstein] Aus der Sicht der nordfriesischen Regionalgeschichtsforschung, in: Nordfriesisches Jahrbuch, Neue Folge, Band 29, 1993, S. 253 ff.

Petersen, Marcus: Die Halligen, Neumünster 1981

Petersen, Marcus und Hans Rohde: Sturmflut, Die großen Fluten an den Küsten Schleswig-Holsteins und in der Elbe, Neumünster 1977

Renner, Johann: Chronica der Stadt Bremen, Staatsbibliothek Bremen, Best.Brem. a. 96/97 (Handschrift)

Rickmers, Henry P. (Hrsg.): Helgoland – Naturdenkmal der Nordsee, Deutsche Schicksalsinsel, 2. Aufl., 1987

Rickmers, Henry P. und H. Huster (Hrsg.): Helgoland – 100 Jahre Deutsch, Festschrift im Auftrag der Gemeinde, Otterndorf 1990

Riecken, Guntram: Die Halligen im Wandel, 2. Aufl., Husum 1985

Saggau, W. und R. Stadelmann: Ein Deich wird gebaut. Vordeichung Nordstrander Bucht, Husum Druck- und Verlagsgesellschaft, Husum 1988

Scharff, Alexander: Geschichte Schleswig-Holsteins, ein Überblick, Neuausgabe von Manfred Jessen-Klingenberg, 5. Aufl., Freiburg, Würzburg 1991

Scherenberg, Rudolf: Generalplan Deichverstärkung, Deichverkürzung und Küstenschutz in Schleswig-Holstein, in: Wasser und Boden, H. 2/1988

Schmid, Peter: Mittelalterliche Besiedlung, Deich- und Landesausbau im niedersächsischen Marschgebiet, in: H. W. Böhme (Hrsg.): Siedlungen und Landesausbau zur Salierzeit 1, 9-36, Sigmaringen 1991

Schmidtke, Kurt-Dietmar: Die Entstehung Schleswig-Holsteins, Neumünster 1992

Sönnichsen, Uwe und Jochen Moseberg: Wenn die Deiche brechen. Sturmfluten und Küstenschutz an der schleswig-holsteinischen Westküste und in Hamburg, Husum 1997

Stadelmann, Robert: Meer – Deiche – Land. Küstenschutz und Landgewinnung an der deutschen Nordseeküste, Neumünster 1981

Strahl, Erwin: Die älteste Siedlung an der deutschen Nordseeküste. Die spätbronzezeitliche Siedung von Rodenkirchen-Hahnenkrooper Mühle. Archäologie in Niedersachsen 1, 54-56, 1998

Wegemann, Georg: Zustände Schleswig-Holsteins nach dem Erdbuche Waldemars 1231, in: Zeitschr. d. Gesellschaft für Schleswig-Holsteinische Geschichte, Bd. 46 (1916), S. 48 ff.

Weigand, K.: Programm Nord – Wandel der Landschaft in Schleswig-Holstein, Kiel 1970
Wieland, Peter: Küstenfibel. Ein ABC der Nordseeküste, Heide 1990
Woebcken, Carl: Deiche und Sturmfluten an der deutschen Nordseeküste, Bremen-Wilhelmshaven 1924
Wohlenberg, Erich: Die Halligen Nordfrieslands, Heide 1978
Zimmermann, W. Haio: Ackerbau in ur- und frühgeschichtlicher Zeit auf der Geest und in der Marsch, in: Dannenberg, H.-E. und H.-J. Schulze (Hrsg.): Geschichte des Landes zwischen Elbe und Weser 1, S. 289-315, Stade 1995

Autoren

Karl-Ernst Behre, Prof. Dr., geb. 1935, Leitender Wissenschaftlicher Direktor des Niedersächsischen Instituts für historische Küstenforschung in Wilhelmshaven. Studium der Naturwissenschaften, 1961 Promotion an der Universität Göttingen. Dort hat er sich 1969 für Botanik habilitiert und wurde 1975 apl. Professor. Seit 1994 hat er neben seiner Wilhelmshavener Tätigkeit eine Professur an der Freien Universität Amsterdam. Seine Arbeitsgebiete sind Vegetationsgeschichte und Quartärforschung mit dem Schwerpunkt Küste und Meeresspiegelbewegungen sowie Archäobotanik mit prähistorischer Umweltforschung.

Hans-Hennig Dette, Dr., geb. 1939 in Goslar. Studium des Bauingenieurwesens an der Technischen Universität Hannover, seit 1971 beschäftigt an der Technischen Universität Braunschweig. 1974 Promotion, die 1977 aus Anlaß der Wiederkehr des 200. Geburtstages von Carl Friedrich Gauss von der TU Braunschweig ausgezeichnet wurde. Heute ist er Akademischer Direktor am Leichtweiss-Institut für Wasserbau, Abt. Hydromechanik und Küsteningenieurwesen. Hans-Henning Dette ist Autor zahlreicher Veröffentlichungen.

Manfred Jessen-Klingenberg, Prof. Dr., geb. 1933 in Norderstapel, Oberstudienrat, Studium der Lateinischen Philologie und der Geschichte an der Universität Kiel, Promotion, Staatsexamen für das Lehramt an Gymnasien, nach längerer Tätigkeit als Wissenschaftlicher Assistent Eintritt in den Schuldienst, Lehrbeauftragter für Geschichte an der Universität, Verfasser zahlreicher Bücher und Aufsätze zur Geschichte Schleswig-Holsteins, langjährige Herausgebertätigkeit wissenschaftlicher Zeitschriften, Vorsitzender des Kuratoriums des Instituts für schleswig-holsteinische Zeit- und Regionalgeschichte.

Klaus Lengsfeld, Dr., geb. 1945 in Bamberg, Dissertation über ein funktionsbiologisches Thema bei Hirschen. Seit 1982 Leiter des Nordfriesischen Museums Ludwig-Nissen-Haus in Husum, seit 1996 außerdem Leiter des Museumsverbunds Nordfriesland. Er war auch Vorsitzender des Museumsverbands Schleswig-Holstein e. V. Zahlreiche Veröffentlichungen zur Kultur und Natur Nordfrieslands.

Andreas Lubkowitz, geb. 1949 in Wolfsburg/Niedersachsen, ist gelernter Journalist. Nach den Lehrjahren in Braunschweig und Wolfsburg führten ihn die „Wanderjahre“ nach Heidelberg und zuletzt Göttingen. 1984 kam er zur Deutschen Gesellschaft zur Rettung Schiffbrüchiger, wo er als Pressesprecher die Kontakte zwischen dem Seenotrettungswerk und der Öffentlichkeit herstellt, ausbaut und pflegt.

Jürgen Newig, Prof. Dr., geb. 1941, Direktor der Abteilung Geographie im Institut für Kulturwissenschaften der Universität Kiel, Promotion zum Dr. rer. nat. 1973 in Kiel, Habilitation in Kiel 1988, zahlreiche Veröffentlichungen zum Thema Küstenschutz sowie Küstenentwicklung und historische Küstenzustände, Mitherausgeber des Standardwerkes „Die Ostsee, Natur und Kulturraum".

Albert Panten, geb. 1945 in Soholm/Nordfriesland, Studium der Physik und Mathematik an der Universität Kiel. Oberstudienrat an der Friedrich-Paulsen-Schule in Niebüll. 1972–1992 Vorsitzender der Arbeitsgruppe Genealogie und Geschichte des Nordfriisk Instituut. Verfasser bzw. Herausgeber zahlreicher Bücher und Aufsätze zur Geschichte Nordfrieslands, u. a. Peter Sax, Werke zur Geschichte Nordfrieslands und Dithmarschens, 7 Bände, 1992 Hans-Momsen-Preis des Kreises Nordfriesland.

Guntram Riecken, geb. 1942, Lehrerstudium in Flensburg, Schuldienst in Dithmarschen, Studium der Geographie und Geschichte in Kiel. Oberstudienrat i. H. am Institut für Geographie und ihre Didaktik der Bildungswissenschaftlichen Hochschule Flensburg-Universität, Autor bzw. Mitautor zahlreicher Bücher zu landeskundlichen Themen, z. B. „Die Halligen im Wandel" (1982), „Flutkatastrophe 1634" (1985), „Stadtlandschaften in Schleswig-Holstein" (1990).

Thomas Steensen, Prof. Dr., geb. 1951 in Bredstedt, war Redakteur der Husumer Nachrichten, 1985 Promotion in Kiel, seit 1987 Direktor des Nordfriisk Instituut in Bredstedt, Lehre an der Universität Flensburg, Verfasser bzw. Herausgeber zahlreicher Veröffentlichungen zur Geschichte, Sprache und Kultur Nordfrieslands, 1987 Borchling-Preis der Stiftung F. V. S. zu Hamburg.

Peter Wieland, Dr.-Ing., geb. 1932 in Wohlau/Niederschlesien. 1952–1955 Bauingenieurstudium in Suderburg zum Ing. (grad.), 1957–1962 Studium des Wasser- und Landschaftsbaus an der TU Berlin zum Dipl.-Ing. Bis 1995 in der Wasserwirtschaftsverwaltung in Husum, ab 1967 in Büsum Dezernent für Gewässerkunde. 1981 Promotion zum Dr. Ing., Mitglied des Arbeitskreises „Abfluß" der „Länderarbeitsgemeinschaft Wasser", der Beratergruppe des „Kuratoriums für Forschung im Küsteningenieurwesen" und des Arbeitskreises „Verfahren und Meßtechnik im Küsteningenieurwesen" der Hafenbautechnischen Gesellschaft. 1995–1997 Lehrbeauftragter an der FH Eckernförde und Hochschule Wismar für das Fach Küstenschutz, zahlreiche Fachveröffentlichungen.

Impressum/Bildnachweis

Die Deutsche Bibliothek – CIP-Einheitsaufnahme
Sturmflut. Gefährdetes Land an der Nordseeküste / Jürgen Newig/Hans Theede (Hrsg.). – 1. Auflage – Hamburg: Ellert und Richter, 2000
(Edition Ellert & Richter)
ISBN 3-89234-932-0

Lektorat: Dirk Brietzke, Hamburg
Gestaltung: Büro Brückner + Partner, Bremen
Lithographie: ORC Offset-Repro im Centrum, Hamburg
Bearbeitung einzelner Karten: THAMM Publishing & Service, Bosau
Druck: Wiesbadener Graphische Betriebe GmbH, Wiesbaden
Bindung: S. R. Büge, Celle

Bildnachweis:

Titelabbildung: Warft auf der Hallig Südfall
ALW, Husum: S. 20 o. (vereinfacht)
Archiv Ellert & Richter Verlag, Hamburg: S. 124 m., 151
Archiv Newig, Kiel: S. 20 o., 26, 39 u., 50 m., 59 u. (nach Prange), 75 (nach verschiedenen Vorlagen), 92 u., 99, 109
Bildarchiv Preußischer Kulturbesitz, Berlin: S. 15 o., 123
Hans Clausen, Flensburg: 113, 119 u., 127 u. (nach: K. D. Schmidtke u. W. Fiedler), 129 u. (nach: J. Mejer u. A. Geisse)
Deutsche Gesellschaft zur Rettung Schiffbrüchiger, Bremen: S. 153 (Foto: Peter Neumann/YPS, Hamburg)
Hans-Henning Dette, Braunschweig: S. 20 o. (ALW, Husum, vereinfacht), 26, 27 (Archiv Bauamt für Insel- und Küstenschutz, Norden)
Ottmar Heinze, Hamburg: S. 42 o. + u., 94 o., 107, 116 o., 119 o.
Hans Joachim Kürtz, Kiel: Titel, S. 70, 147
Walter Mayr, Großenrade: S. 35 o., 39 o., 72/73
Niedersächsisches Institut für historische Küstenforschung, Wilhelmshaven: S. 81 o. + u., 84 o. + u., 86 mo. + mu., 94 u., 96
Nordfriesisches Museum Ludwig-Nissen-Haus, Husum: S. 57, 59, 101, 103, 137
Michael Pasdzior, Hamburg: S. 15 u., 47 o. + u., 127 o.
Georg Quedens, Norddorf/Amrum: S. 52 (verändert), 116 u.
Henry P. Rickmers, Helgoland (Sammlung Franz Schensky): S. 129 o.
Eberhard Rohde, Sylt: S. 20
Bernhard Speck, Mölln: S. 10, 111
Thomas Steensen, Husum: S. 143 o.
Heinrich Unkel, Leer: S. 92 o.
Klaus Wernicke, Dagebüll: S. 139
Peter Wieland, Detmold: S. 33 o., 35 u. (nach Wieland, stark vereinfacht), 39 (nach Wieland), 143 u.